다양한 문화가 어우러진 아름다운 대자연

# 캐나다 횡단 *Canada* 79일

상

다양한 문화가 어우러진 아름다운 대자연
## 캐나다(Canada) 횡단 79일 ㉠

**초판 1쇄 발행** 2019년 12월 10일

**지은이** 이종호
**사　진** 조경현
**펴낸이** 장길수
**펴낸곳** 지식과감성#
**출판등록** 제2012-000081호

**디자인** 박예은
**편　집** 이현, 박예은
**교　정** 정은지
**마케팅** 고은빛

**주　소** 서울시 금천구 벚꽃로298 대륭포스트타워6차 1212호
**전　화** 070-4651-3730~4
**팩　스** 070-4325-7006
**이메일** ksbookup@naver.com
**홈페이지** www.knsbookup.com

ISBN 979-11-6275-913-4(03980)
값 23,000원

ⓒ 이종호 2019 Printed in Korea

잘못된 책은 구입하신 곳에서 바꾸어 드립니다.
이 책의 전부 또는 일부 내용을 재사용하려면 사전에 저작권자와 펴낸곳의 동의를 받아야 합니다.

이 도서의 국립중앙도서관 출판예정도서목록(CIP)은 서지정보유통지원시스템
홈페이지(http://seoji.nl.go.kr)와 국가자료공동목록시스템(http://www.nl.go.kr/kolisnet)에서
이용하실 수 있습니다. (CIP제어번호: CIP2019048995)

홈페이지 바로가기

이종호의 세계 기행 2

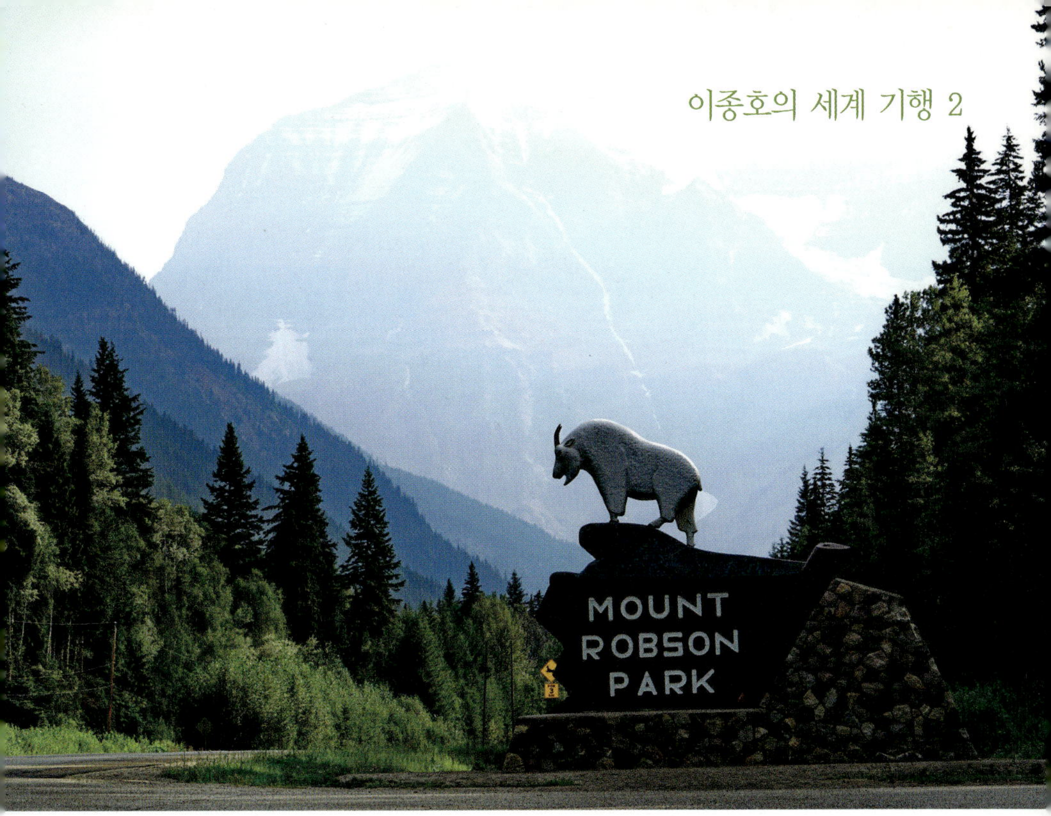


다양한 문화가 어우러진 아름다운 대자연

# 캐나다 횡단 79일 상

Canada

이종호 지음
조경현 사진

지식과감성#

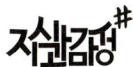

다양한 문화가 어우러진 아름다운 대자연

# 캐나다
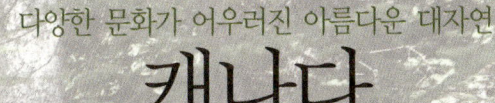

캐나다의 밴쿠버에서
프린스에드워드아일랜드주의 캐번디시까지
16,300여 km의 거리를 자동차로 직접 운전하면서
다양한 문화가 어우러진
자연 그대로의 아름다운 모습을 감상할 수 있었던
캐나다 횡단 여행길

## 일러두기

1  2018. 7. 18. 밴쿠버에서 시작하여 프린스에드워드아일랜드주의 캐번디시까지 79일간에 걸쳐 캐나다 대륙을 횡단하였다.

2  전 일정을 렌터카로 직접 운전하며 여행을 하였고 숙박, 식사 등을 현지에서 해결하였다.

3  이 책에 있는 자료는 필자가 여행 계획을 세우면서 수집하였던 자료이며, 계절에 따라 변경될 수 있으므로 사전에 확인을 하는 것이 필요하다.

4  이 책에 있는 일자별 여행기의 관광지별 이동 거리 란에 표시된 'km'는 다음 목적지까지의 거리를 표시한 것이다.

5  이 책에 표기된 구간 거리는 인터넷상의 지도에 의한 거리를 기준으로 하였다.

# 캐나다 지도

- ARCTIC OCEAN
- ATLANTIC OCEAN
- GREENLAND
- Baffin Bay
- Newfoundland
- Prince Edward Is
- Charlottetown
- Lunenburg
- Gaspésie Park
- Montreal
- Ottawa
- Niagara Falls
- Quebec
- Quebec City
- Algonquin Park
- Toronto
- Hudson Bay
- Churchill
- Manitoba
- Lake Winnipeg
- Ontario
- Winnipeg
- Northwest Territories
- Yellowknife
- Great Slave Lake
- Edmonton
- Saskatchewan
- Regina
- UNITED STATES OF AMERICA
- ALASKA (USA)
- Dawson City
- Yukon
- Whitehorse
- Watson Lake
- Alberta
- British Columbia
- Prince George
- Vancouver
- Victoria

## 구간별 여행지 경로

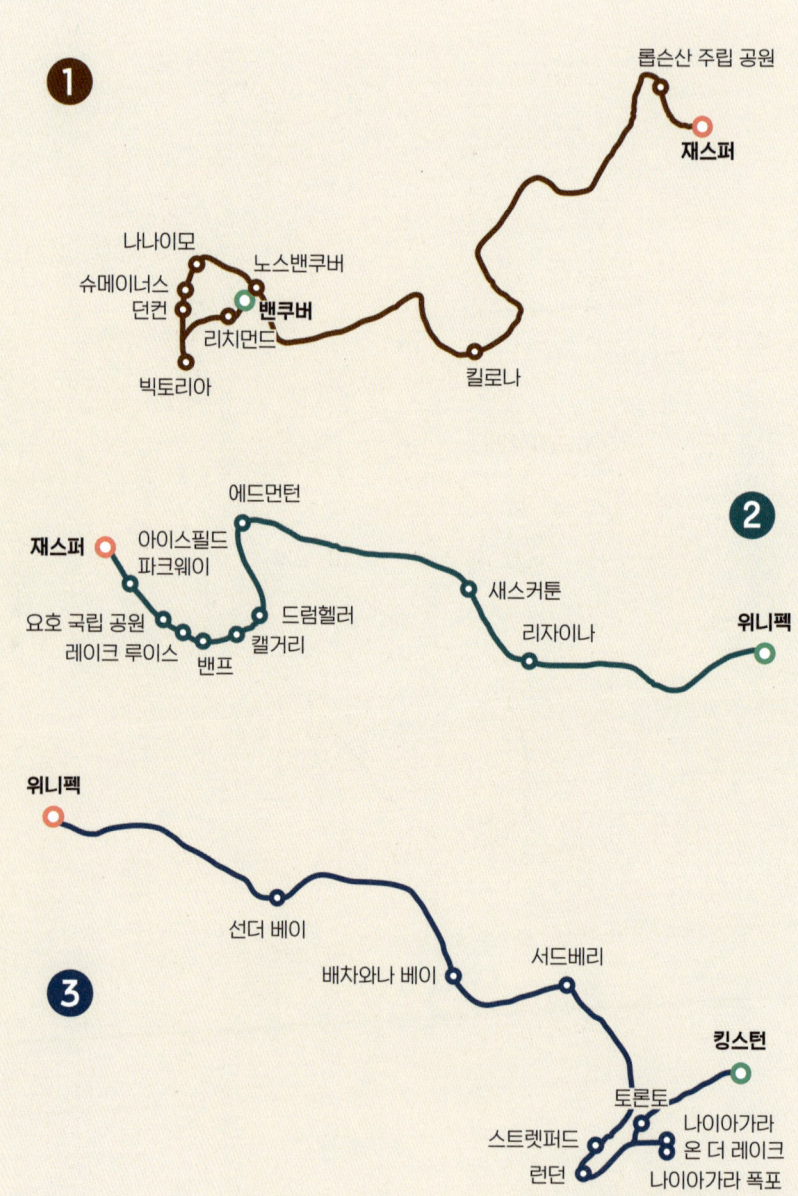

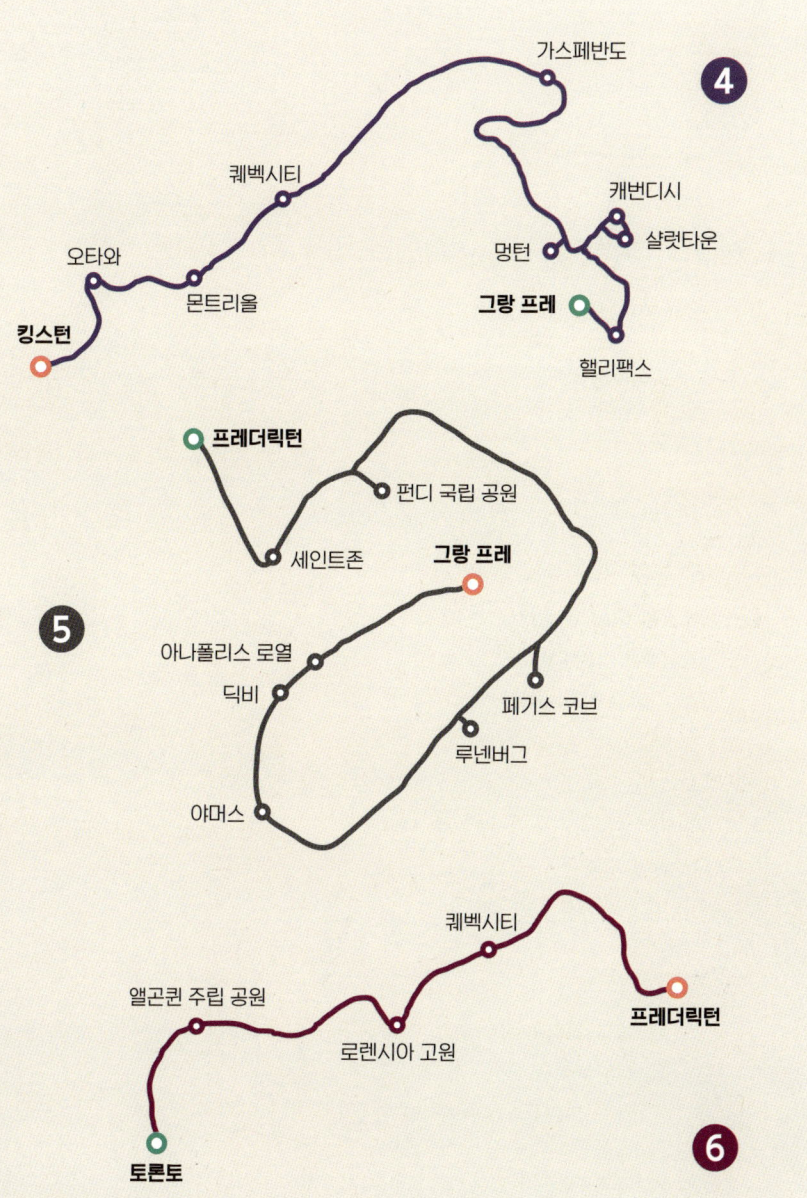

# 차례

## 상

일러두기 6
서언 14

## I 캐나다(Canada) 횡단 여행

1. 여행의 시작 18
2. 여행 준비 20
3. 캐나다 여행 시 주의 사항 22

## II 캐나다(Canada) 횡단 여행기

1. 캐나다(Canada) 현황 26
    가. 캐나다의 역사 26
    나. 캐나다의 사회 27
    다. 기후와 시차 28
    라. 여행 28

2. 캐나다 횡단 여행의 일자별 현황 29
    가. 총괄 29
    나. 여행 일자별 현황 34

3. 일자별 여행기 41
    가. 브리티시컬럼비아(British Columbia)주 41
        제1일 밴쿠버(Vancouver) 42
        제2일 밴쿠버 다운타운(Vancouver Down Town) 45
        제3일 밴쿠버(Vancouver), 키칠라노(Kitsilano) 60
        제4일 리치먼드(Richmond), 화이트 록(White Rock) 74
        제5일 밴쿠버섬(Vancouver Island) 83

제6일 빅토리아(Victoria) 92
　　　제7일 빅토리아(Victoria) 107
　　　제8일 던컨(Duncan), 슈메이너스(Chemainus), 나나이모(Nanaimo) 125
　　　제9일 구스곶(Goose Spit), 캠벨 리버(Cambell River) 136
　　　제10일 밴쿠버 북부(North Vancouver) 143
　　　제11일 밴쿠버 동부(East Vancouver) 158
　　　제12일 킬로나(Kelowna) 169
　　　제13일 롭슨산 주립 공원(Mount Robson Provincial Park) 175

　나. 캐나디안 로키(Canadian Rockies), 앨버타(Alberta)주 187
　　　제14일 재스퍼(Jasper) 188
　　　제15일 재스퍼(Jasper) 196
　　　제16일 재스퍼(Jasper) 206
　　　제17일 아이스필드 파크웨이(Icefield Park Way) 211
　　　제18일 아이스필드 파크웨이(Icefield Park Way),
　　　　　　 요호 국립 공원(Yoho National Park) 220
　　　제19일 요호 국립 공원(Yoho National Park) 232
　　　제20일 레이크 루이스(Lake Louise) 239
　　　제21일 쿠트니 국립 공원(Kootenay National Park) 249
　　　제22일 밴프(Banff) 258
　　　제23일 밴프(Banff) 266
　　　제24일 밴프(Banff) 274
　　　제25일 캘거리(Calgary) 277
　　　제26일 드럼헬러(Drumheller) 287
　　　제27일 드럼헬러(Drumheller) 297
　　　제28일 에드먼턴(Edmonton) 307
　　　제29일 에드먼턴(Edmonton) 319

　다. 서스캐처원(Saskatchewan) 324
　　　제30일 새스커툰(Saskatoon) 325
　　　제31일 리자이나(Regina) 332

　라. 매니토바(Manitoba)주 339
　　　제32일 위니펙(Winnipeg) 340
　　　제33일 위니펙(Winnipeg) 349

## 일러두기

가. 온타리오(Ontario)주
　　제34일 선더 베이(Thunder Bay)
　　제35일 배차와나 베이(Batchawana Bay)
　　제36일 서드베리(Sudbury)
　　제37일 스트렛퍼드(Stratford)
　　제38일 런던(London), 나이아가라 폭포(Niagara Falls)
　　제39일 나이아가라 폭포(Niagara Falls)
　　제40일 나이아가라 폭포(Niagara Falls)
　　제41일 나이아가라 폭포(Niagara Falls)
　　제42일 나이아가라 폭포(Niagara Falls),
　　　　　나이아가라 온 더 레이크(Niagara on the Lake)
　　제43일 토론토(Toronto)
　　제44일 토론토(Toronto)
　　제45일 토론토(Toronto)
　　제46일 토론토(Toronto), 킹스턴(Kingston)
　　제47일 킹스턴(Kingston)
　　제48일 킹스턴(Kingston)
　　제49일 오타와(Ottawa)
　　제50일 오타와(Ottawa)
　　제51일 오타와(Ottawa)

나. 퀘벡(Quebec)주
　　제52일 몬트리올(Montreal)
　　제53일 몬트리올(Montreal)
　　제54일 몬트리올(Montreal)
　　제55일 몬트리올(Montreal)
　　제56일 퀘벡시티(Quebec City)
　　제57일 퀘벡시티(Quebec City)

제58일 퀘벡시티(Quebec City)
　　　제59일 퀘벡시티(Quebec City)
　　　제60일 가스페반도(Gaspésie)
　　　제61일 가스페반도(Gaspésie)

　다. **애틀랜틱 캐나다(Atlantic Canada)**
　　　제62일 멍턴(Muncton-뉴브런즈윅주)
　　　제63일 샬럿 타운(CharlotteTown-프린스에드워드아일랜드주)
　　　제64일 캐번디시(Cavendish-프린스에드워드아일랜드주)
　　　제65일 캐번디시(Cavendish-프린스에드워드아일랜드주)
　　　제66일 핼리팩스(Halifax-노바스코샤주)
　　　제67일 그랑 프레(Grand Pré-노바스코샤주), 딕비(Digby-노바스코샤주)
　　　제68일 딕비(Digby-노바스코샤주), 루넨버그(Lunenburg-노바스코샤주)
　　　제69일 루넨버그(Lunenburg-노바스코샤주),
　　　　　　페기스 코브(Pegguy's Cove-노바스코샤주)
　　　제70일 펀디 국립 공원(Fundy National Park-뉴브런즈윅주),
　　　　　　세인트존(Saint John-뉴브런즈윅주)
　　　제71일 프레더릭턴(Fredericton-뉴브런즈윅주)
　　　제72일 퀘벡시티(Quebec City): 귀환
　　　제73일 로렌시아 고원(Laurentides, Laurentian highlands)
　　　제74일 로렌시아 고원(Laurentides, Laurentian highlands)
　　　제75일 앨곤퀸 주립 공원(Algonquin Provincial Park)
　　　제76일 앨곤퀸 주립 공원(Algonquin Provincial Park)
　　　제77일 앨곤퀸 주립 공원(Algonquin Provincial Park)
　　　제78일 토론토(Toronto)
　　　제79일 토론토(Toronto)

마치는 글

# 서언

*캐나다 횡단!*

　캐나다는 거대한 대륙이다. 한반도의 45배가 넘는 거대한 대륙을 횡단한다는 것은 생각만 해도 가슴이 설레는 일이다. 그러나 아내와 둘이서 렌터카를 이용하여 79일간에 걸친 대장정의 여행길을 시도한다는 것은 그리 쉬운 일은 아니다.
　렌터카를 이용한 자유 여행은 패키지여행의 한계를 뛰어넘어 캐나다의 문화와 예술, 아름다운 자연을 자유롭게 여행할 수 있는 장점이 있지만 낯설고 익숙하지 않은 여행지라 실행을 하는 데 어려움도 많다. 그러나 어렵기는 해도 안 될 것은 없다는 생각으로 감히 도전하였다.

　이번 캐나다 횡단 여행은 캐나다의 서쪽 밴쿠버(Vancouver)에서 시작하여 동쪽 방향으로 이동하며 유명 관광지를 거치고 가장 동쪽에 있는 프린스에드워드아일랜드(Prince Edward Island)주의 캐번디시(Cavendish)까지 돌아보는 것으로 캐나다의 역사와 문화, 자연을 모두 섭렵할 수 있는 여행이다.

이번 여행은 기간이 79일이나 되어 주변에서 많은 염려와 격려를 하여 주셨고 Daum Cafe '걸어서 국토순례'에 올린 필자의 여행기를 읽으며 같이 동참하고 격려해 주신 분들이 많이 있어서 큰 힘이 되었다.

여행 기간 동안 많은 관심과 성원을 보내 준 친구와 주변의 모든 분들에게 감사드리며, 이 책의 출판을 위해 많은 시간을 할애하여 주신 편집진 모두에게 감사드린다.

2019년 9월, 송파동 사무실에서

# I

# 캐나다(Canada) 횡단 여행

# 1
## 여행의 시작

*캐나다 횡단!*
*생각만 해도 너무나 거대한 일정이다.*
*한 번도 가 보지 않은 16,300km에 달하는 길을*
*아내와 둘이서 렌터카로 여행을 한다는 것은 쉽지 않은 일정이다.*

　패키지여행을 하면 여행사에서 모든 것을 준비해 주어 편안한 여행이 될 수 있겠지만 캐나다 횡단 여행처럼 장기간의 시간이 필요한 경우는 여행사의 도움을 받는 것에 한계가 있다.

　그래서 직접 여행지를 선택하고 숙박과 식사를 해결하며 직접 운전을 해야 하는 등 여러 가지 어려움을 감수하고 새로운 자연에서 내 마음대로 자유분방하게 보고 듣고 느끼고 생각할 수 있는 자유 여행을 선택하였다.

　여행 계획을 세우는 것부터 힘든 작업이었다. 가 보지 않은 지역을 여행하는 것이므로 계획이 철저하지 않으면 여행지에서 그만큼 어려움이 따른다.

　그러나 국내의 방방곡곡 5,000여 km를 도보로 여행하면서 여행 자료를 수집하여 여행 계획을 세우고 이를 직접 실행하였던 경험을 살려 철저한 여행 계획을 세웠다.

캐나다 횡단 여행은 많은 여행자들이 해 보고 싶은 꿈의 여행이다. 그러나 많은 시간이 소요되고 장소와 계절에 따른 여건의 변화가 많아 감히 도전하기 힘든 것도 사실이다.

이번 캐나다 횡단 여행은 유명한 관광지가 모두 포함되도록 코스를 잡아 계획을 세웠고 이를 실행에 옮겼다. 또한 캐나다 횡단 여행을 꿈꾸는 많은 사람들에게 도움이 되었으면 하는 마음으로 여행 자료를 상세히 정리하였다.

# 2
## 여행 준비

캐나다 횡단 여행길은 대부분 처음 가 보는 여행지라 철저한 여행 계획이 필요하므로 캐나다 관광청 홈페이지(www.canada.travel), 여행 관련 책자, 인터넷 등을 참고하여 여행지에 대한 자료를 수집하였다.

여행 기간과 여행할 도시를 정하고, 여행할 도시에서 무엇을 볼 것인지를 정했다. 관광지 간 이동 방법, 숙소, 식사를 어떻게 해결할 것인가를 검토하여 소요 예산을 산정하는 등 여행 일정에 대한 계획을 수립하였다.

여행에 필요한 국제운전면허증, 유스호스텔 회원증을 발급받았다.

캐나다는 90일 이내 무비자 입국이 되는 나라이지만 전자여행허가서(eTA)를 발급받아야 하는데 공식 웹사이트(www.canada-eta.co.kr)에 신청하니 하루 만에 발급되었다. 이 허가서는 5년간 유효하다.

항공과 렌터카, 호텔 등을 예약하였는데 호텔의 경우 여름철 여행 성수기인 6월부터 8월까지는 평상시보다 숙박료가 많이 비싸지고 유명 관광지의 저렴한 호텔은 예약이 일찍 끝나는 경우가 많으므로 서둘러 예약하는 것이 좋다.

여행자 보험은 사고의 경우와 질병의 경우에 적용되는 보험을 가입하고 렌터카 보험은 렌터카를 예약할 때 일반 보험과 풀커버 보험에 모두 가입하였다.

자료 검색이나 관광지 간 이동 등에 꼭 필요한 인터넷은 캐나다에서 잘 작동하는 캐나다용 칩을 구입하였다. 이 칩은 미리 구입하여 두었다가 공항에 가서 출국하기 전에 스마트폰에 끼워서 사용하면 된다.

캐나다에서 사용할 수 있는 내비게이션을 구입하고 현지에서 시간을 절약할 수 있도록 내비게이션에 내가 가고자 하는 관광지를 모두 입력했다.

여행에 필요한 준비물도 점검하였다.

- 여권, 국제운전면허증, 국내운전면허증, 캐나다 전자여행허가서(eTA), 신용카드, 환전한 현금, 여행 계획서, 지도
- 운동화, 등산화, 겉옷, 속옷, 수영복, 양말, 팔 토시, 장갑, 모자
- 소화제, 물파스, 방충제, 반창고, 소독약, 진통제, 지사제, 감기약, 면봉, 평소 먹던 약
- 세면도구, 수건, 우산, 우의, 화장지, 칼, 카메라, 쌍안경, 선크림, 선글라스
- 휴대폰, 예비용 건전지, 랜턴, 필기도구, 비닐봉지, 나침반, 컵, 바늘과 실, 손톱깎이, 인터넷 칩, 내비게이션
- 그 외에 멸치볶음, 오이지 등 반찬 몇 가지

# 3
## 캐나다 여행 시 주의 사항

1. 자신의 신체적 조건과 건강 상태에 맞는 여행 계획을 세운다. 특히 하이킹을 하려면 무리하지 않게 시간을 넉넉히 잡는다.

2. 위급 상황 시 긴급히 연락할 수 있도록 비상 연락망을 구축한다. 비상 시 연락할 수 있는 대사관 등 연락처를 확인한다.

3. 시골길이나 오지의 경우 휴대폰의 배터리가 많이 소모되므로 휴대폰의 배터리 관리에 주의하여야 한다.

4. 밤에는 여행하는 것을 자제한다.

5. 여권, 신용카드, 현금 등 귀중품은 분실되지 않도록 별도 관리한다.

6. 렌터카에 항상 많은 짐을 싣고 다니게 되므로 물품 관리와 자동차의 엔진 오일 교환 등 자동차 정비에 많은 신경을 쓴다.

7. 렌터카 운전 중에는 지정 속도를 준수하고 특히 학교나 마을 앞을 지날 때 감속 운전하는 것을 잊지 말아야 한다.

8. 캐나다는 워낙 넓어 주마다 시차가 다르므로 여행 계획을 세울 때 이를 참고하여야 한다.

9. 자연환경을 훼손하거나 오염시키지 않도록 주의하여야 하며 현지 주민의 생활 방식과 문화를 존중한다.

# II

## 캐나다(Canada) 횡단 여행기

# 1
## 캐나다(Canada) 현황

### 가. 캐나다의 역사

캐나다는 1497년 영국 국왕 헨리의 명을 받은 존 캐벗(John Cabot)이 뉴펀들랜드에 발을 들여놓기 이전까지는 이누이트(Inuit)족을 포함한 원주민들의 땅이었다.

1534년 프랑스 국왕 프랑수아 2세의 명을 받은 자크 카르티에(Jacques Cartier)가 가스페반도에 발을 디뎠고 다음 해 퀘벡시티에 진출하여 그 일대를 프랑스의 영토로 선언하였다.

1670년 영국은 허드슨만을 중심으로 모피 교역을 독점하기 시작하였다. 이 주변 일대에서 프랑스와 분쟁이 있었는데, 1759년 퀘벡에서 프랑스와 충돌하여 영국이 승전하였고 1763년 파리 조약으로 영국이 캐나다 대륙의 식민지 대부분을 통치하게 되었다.

1867년 영국령 북미법을 발령하여 퀘벡, 온타리오, 노바스코샤, 뉴브런즈윅 등 4개 주를 통합하여 캐나다 연방을 세웠고, 초대 수상으로 맥도널드가 취임하였다. 이후 연방에 가입하는 주가 늘어나면서 1949년 열 번째 주인 뉴펀들랜드가 연방에 가입하여 현재의 캐나다가 이루어졌다. 1951년에는 정식 국명을 캐나다로 정하였다.

## 나. 캐나다의 사회

   정치 체제는 연방제에 바탕을 둔 입헌군주국이지만, 실질적으로는 내각 책임제의 연방공화국이다. 영국 국왕 엘리자베스 2세(Elizabeth Ⅱ)를 국가 원수로 하고, 수도 오타와에 의회와 총독부가 있으며 국왕이 임명하는 총독이 있다. 그러나 하원의 다수당이 구성하는 내각이 실질적인 행정권을 행사하며 수상이 그 수반이다. 1949년 4월 캐나다가 대한민국을 한반도의 유일한 합법 정부로 승인하였고 1950년 6·25 전쟁 때에는 2만 7,000명의 군인이 유엔연합군으로 참전하였으며 1963년 대한민국과 공식 수교하였다.

   행정 구역은 10개의 주와 3개의 준주로 구성되어 있으며 지방의회의 권한이 강하다.

   국토의 전체 면적은 998만 4,670km$^2$(한반도의 45.211배)이고, 인구는 2018년 현재 6,395만 3,765명이며, GDP는 2015년 현재 약 1조 7,938억 달러(세계 10위), 1인당 국민 소득은 약 5만 557달러이다.

   캐나다의 인구는 남쪽 국경에 인접한 약 120만 km$^2$의 지역에 집중되어 있다. 즉, 전 인구의 90%가 영토의 약 12%에서 살고 있다. 이 중에서도 강수량이 많은 동쪽의 평야 지역에 3/4이 살고, 나머지 1/4은 건조하고 산이 많은 서부에 살고 있다. 특히 퀘벡주에 캐나다인의 약 50%가 모여 살고 있다.

## 다. 기후와 시차

봄, 여름, 가을, 겨울의 사계절이 뚜렷하고 6~9월이 여행하기에 좋은 계절이다. 우리나라와 밴쿠버는 17시간의 시차(4월 첫 주 일요일부터 10월 마지막 주 일요일까지는 16시간의 서머 타임)가 있으며 각 주마다 시차가 다르다.

## 라. 여행

우리나라에서 밴쿠버와 토론토에는 직항이 있어 여행하기에 편리하다. 무사증 체류 기간은 6개월이나 관광 등으로 90일 이내의 여행을 하고자 하는 사람은 전자여행허가(eTA)를 받아야 한다. (www.canada-eta.co.kr)

전압은 110V, 60Hz이며 콘센트가 맞지 않을 때는 연결 잭을 사용하면 된다.

팁이 보편화되어 있어 레스토랑 청구 금액의 15~20%를 지불한다.

술은 리커 스토어(Liquor Store), 비어 스토어(Beer Store) 등 지정된 상점에서만 구입할 수 있고, 담배는 편의점(Convenience Store)에서 구입할 수 있다.

# 2
## 캐나다 횡단 여행의 일자별 현황

### 가. 총괄

　브리티시컬럼비아(British Columbia)주의 밴쿠버(Vancouver)에서 여행을 시작한다. 캐나다 제3의 도시 밴쿠버에서 가장 높은 40층 높이의 하버 센터 타워(Harbour Centre Tower)에 올라 밴쿠버 시내의 환상적인 경관을 감상하고, 플라이오버(Flyover Canada)에서 안개까지 재연하는 신개념 4D로 캐나다의 아름다운 구석구석을 감상하며 앞으로 맞이할 관광지에 대한 기대감이 부푼다.

　밴쿠버섬(Vancouver Island)에서 세계적인 꽃의 정원 부차트가든(The Butchart Gardens)을 구경하고, 캐나다의 대표적인 여류 화가 에밀리 카(Emily Carr)의 생가를 방문한다. 던컨(Duncan)에서 80여 개의 토템 폴(Totem Pole)을 관광하고, 슈메이너스(Chemainus)의 야외 미술관에서 건물에 그려진 다양한 벽화(Mural)를 감상한다.

　밴쿠버 북부(Vancouver North)에 있는 캐필라노(Capilano) 현수교를 지나 거대한 나무 계곡에 설치된 공중 산책길 클리프 워크(Cliff Walk)를 걸으며 아름다운 캐나다의 자연에 빠져든다.

　캐나디안 로키(Canadian Rocky)에 있는 보석 같이 거대한 재스퍼 국립 공원(Jasper National Park)에서 숨 막히게 아름다운 자연을 감상한다. 정상까지 2km에 달하는 재스퍼 스카이 트램(Jasper Sky Tram)을 타고 해발 2,464m의 휘슬러산(Moutain Whistler)에 올라 황홀한 주변 경치에 빠져든다. 사진작가들이 선정한 아름다운 사진 촬영 장소 스피릿 아일랜드(Spirit Island)에서 자연의 아름다운 경관을 사진에 담는다.

재스퍼(Jasper)에서 밴프(Banff)로 이동하며 아이스필드 파크웨이(Icefield Park Way)에 있는 컬럼비아 대빙원(Columbia Icefield)에서 세계에서 하나뿐인 설상차를 타고 컬럼비아 대빙원의 얼음 평원을 체험하고, 계절마다 호수의 빛깔이 변해 로키 최고의 사진 촬영 장소가 되는 페이토 호수(Peyto Lake)의 아름다움에 감탄한다. 유네스코가 정한 세계 10대 절경 중 하나로 연간 200만 명의 관광객이 다녀간다는 레이크 루이스(Lake Louise)의 매혹적인 아름다움에 빠져든다.

록키 최고의 아름다움을 자랑하는 공원으로 전 세계인들이 한 번쯤 가보고 싶어 한다는 밴프 국립 공원(Banff National Park)의 미네완카 호수(Lake Minnewanka)에서 록키의 빼어난 경관을 즐긴다. 캐스케이드가든(Cascade Gardens)에서 아름답게 심어 놓은 꽃들을 감상하며 밴프 타운의 모습과 그 너머 멀리 보이는 거대한 캐스케이드산의 절경을 즐긴다.

캐나다 제5의 도시 캘거리(Calgary)에서 높이 191m의 캘거리 타워(Calgary Tower)에 올라 드넓은 평원을 시원하게 감상한다.

캐나다 중부의 지평선만 보이는 중앙 대평원에서 푸른 초원과 한가롭게 풀을 뜯고 있는 소 떼들의 무리를 보며 넓은 평원을 느낀다.

나이아가라 폭포(Niagara Falls)의 장엄함과 거센 파도를 헤치며 폭포에 접근하는 관광 유람선의 도전하는 모습을 보면서 대자연의 위대함을 느낀다.

캐나다 제1의 도시 토론토(Toronto)에서 98개의 방과 10만 권의 장서가 보관된 카사 로마(Casa Loma)를 관광하고, 높이 553.33m에 달하는 CN 타워(CN Tower)에 올라 토론토의 아름다운 시가지를 감상한다.

킹스턴(Kingston)에서 크루즈를 타고 세인트로렌스강을 따라 떠 있는 사우전드아일랜드(Thousand Islands)의 아름다운 풍경을 감상한다.

캐나다의 수도 오타와(Ottawa)에서 노트르담 대성당(Basilica of Notre Dame)의 웅장한 아름다움에 감탄한다.

몬트리올(Montreal)의 성요셉 성당(Saint Joseph's Oratory)에서 앙드레 신부(Brother Andre)의 기적 현장을 마음 깊이 느끼고, 노트르담 대성당(Basilique Notre Dame)에서 화려하고 섬세하게 조각된 푸른 제단을 보며 환희를 느낀다. 올림픽공원(Le Parc Olympique)에서 우리나라 최초로 올림픽 금메달을 딴 올림픽의 영웅 양정모 선수의 기록을 보며 대한민국의 긍지를 느낀다.

퀘벡시티(Quebec City)의 다름 광장(Place d'Armes)에 있는 샤토 프

랑트낙(Château Frontenac)의 아름다운 건축물을 감상하고, 생탄 거리와 트레조르(Rue de Sainte Anne&Rue du Trésor) 거리에 있는 작은 야외 미술관의 많은 그림들을 감상한다. 1658년에 지어진 북미 지역 가톨릭 3대 순례지 중 하나인 생탄 드 보푸레 성당(basilique Sainte Anne de Beaupré)을 찾아 깊은 신앙심을 느껴 본다.

세인트로렌스만으로 둥글게 튀어나와 있는 가스페(Gaspésie)반도에서 페르세 바위(Rocher Perce)의 장엄함을 본다.

캐나다 동쪽 가장 끝에 있는 프린스에드워드아일랜드(Prince Edward Island)주의 캐번디시(Cavendish)는 소설 《빨강 머리 앤(Anne of Green Gables)》의 배경이 된 도시이며 작가 루시 모드 몽고메리(Lucy Maud Montgomery, 1874~1942)의 고향이다. 몽고메리가 묻혀 있는 캐번디시 묘지(Cavendish Cemetery)와 몽고메리의 소설 《빨강 머리 앤》에 나오는 그린 게이블스 하우스(Green Gables House)를 둘러보며 소설 속의 인물들을 생각해 본다.

프랑스계 정착민들이 세운 마을 그랑 프레(Grand Pré), 미국의 시인 롱펠로(H.W.Longfellow)의 장편 서사시 《에반젤린(Evangeline)》의 배경이 된 노바스코샤주의 에반젤린 루트(Evangeline Route)를 답사하며 캐나다 최초의 정착민이었던 프랑스계의 아카디언(Acadian)이 영국 세력에 강제적으로 밀려나면서 겪은 애환을 되짚어 본다.

몬트리올 북쪽에 넓게 자리하고 있는 로렌시아 고원(Laurentian highlands)

과 토론토 북쪽에 있는 앨곤퀸 주립 공원(Algonquin Provincial Park)에서 빨갛게 물든 캐나다 단풍의 진수를 느낀다.

이렇게 79일간 1만 6,300여 km에 달하는 길을 직접 운전하며 다양한 문화가 어우러진 아름다운 대자연을 가슴 깊이 느껴 보는 여행길이다.

## 나. 여행 일자별 현황

| 날짜 | 일자 | 관광 지역 | 관광 코스 | 거리 (km) |
|---|---|---|---|---|
| 제01일 | 2018. 7.18 | 밴쿠버 | 밴쿠버 국제공항 ➡ 7151 Edmonds St, Burnaby | 24.7 |
| 제02일 | 2018. 7.19 | 밴쿠버 | 밴쿠버 미술관 ➡ 그리스도 처치 교회 ➡ 하버 센터 타워 ➡ 캐나다 플레이스, 플라이오버 ➡ 머린 빌딩 ➡ 증기 시계 ➡ 잭의 동상 ➡ 차이나타운 ➡ 중산 공원 ➡ BC 플레이스 스타디움 ➡ 하버 센터 타워 | 45.0 |
| 제03일 | 2018. 7.20 | 밴쿠버, 키칠라노 | 스탠리 공원 ➡ 잉글리시 베이 ➡ 퀸 엘리자베스 공원 ➡ 밴두센 식물원 ➡ 밴쿠버 박물관, H.R 맥밀란 스페이스 센터 ➡ 밴쿠버 해양 박물관 | 60.2 |
| 제04일 | 2018. 7.21 | 리치먼드, 화이트 록 | 인류학 박물관 ➡ 리치먼드 센터 ➡ 화이트 록 ➡ 크레센트 비치 | 95.1 |
| 제05일 | 2018. 7.22 | 밴쿠버섬 | 성 김대건 성당 ➡ 츠왓슨 페리 터미널 ➡ 스와츠 베이 ➡ 부차트가든 | 148.0 |
| 제06일 | 2018. 7.23 | 빅토리아 | 그레이터 빅토리아 미술관 ➡ 크레이다로크 성 ➡ 총독관저 ➡ 버컨 힐 파크 ➡ 에밀리 카 생가 ➡ 배스천 스퀘어 ➡ 미니어처 월드 ➡ Ogden point the Sundial | 33.7 |
| 제07일 | 2018. 7.24 | 빅토리아 | 임프레스 호텔 ➡ 로열 브리티시 컬럼비아 박물관 ➡ 주 의사당 ➡ 이너 하버 ➡ 피셔맨스 와프 ➡ 시닉 머린 드라이브 | 15.6 |
| 제08일 | 2018. 7.25 | 던컨, 슈메이너스, 나나이모 | 던컨 ➡ 슈메이너스 ➡ 나나이모 박물관 ➡ 배스천 요새 ➡ 마페오 서튼 파크 | 115.0 |

| | | | | |
|---|---|---|---|---|
| 제09일 | 2018.<br>7.26 | 구스곶,<br>캠벨 리버 | 구스곶 공원 ➡ 캠벨 로버트 V. 오슬로 공원 | 326.0 |
| 제10일 | 2018.<br>7.27 | 밴쿠버 북부 | 페리 디파처 베이 터미널<br>➡ 호슈 베이 페리 터미널<br>➡ 캐필라노 현수교 정원 ➡ 클리블랜드 댐<br>➡ 린 캐니언 공원 ➡ 그라우스 마운틴<br>➡ 등대 공원 | 137.0 |
| 제11일 | 2018.<br>7.28 | 밴쿠버 동부 | 론즈데일 키 마켓 ➡ 시모어산 주립 공원<br>➡ 디프 코브 공원 ➡ 버나비 마운틴 파크 | 442.0 |
| 제12일 | 2018.<br>7.29 | 킬로나 | 킬로나 시티공원 ➡ Immaculate<br>Conception Catholic Church | 507.0 |
| 제13일 | 2018.<br>7.30 | 롭슨산<br>주립 공원 | 관광 안내소 ➡ 오버랜더 폭포<br>➡ 관광 안내소 ➡ Berg Lake Trail 주차장<br>➡ 키니 호수 ➡ 화이트 혼 캠프그라운드<br>➡ Emperor Falls<br>➡ Berg Lake Trail 주차장 | 75.4 |
| 제14일 | 2018.<br>7.31 | 재스퍼 | 재스퍼 스카이 트램 ➡ 관광 안내소<br>➡ 페어몬트 재스퍼 파크 로지 | 201.0 |
| 제15일 | 2018.<br>8.1 | 재스퍼 | 멀린 협곡 ➡ 메디신 호수 ➡ 멀린 호수 | 231.0 |
| 제16일 | 2018.<br>8.2 | 재스퍼 | 에디스 카벨산 ➡ 애서배스카 폭포<br>➡ 미에트 온천 | 276.0 |
| 제17일 | 2018.<br>8.3 | 아이스필드<br>파크웨이 | Mount Edith Cavell<br>➡ 선왑터 폭포 ➡ 컬럼비아 대빙원<br>➡ 선왑터 고개 | 274.0 |
| 제18일 | 2018.<br>8.4 | 아이스필드<br>파크웨이,<br>요호 국립<br>공원 | 보우 고개 ➡ 페이토 호수 ➡ 보우 호수<br>➡ 크로우풋 빙하<br>➡ 요호 국립 공원 관광 안내소<br>➡ 에메랄드 호수 ➡ 스파이럴 터널 전망대<br>➡ 타카카우 폭포 | 257.0 |
| 제19일 | 2018.<br>8.5 | 요호 국립<br>공원 | Sacred Heart Catholic Church<br>➡ 오하라 호수 주차장 ➡ 레이크 루이스<br>➡ 루이스 스키 리조트<br>➡ 스파이럴 터널 전시관 | 184.0 |

| | | | | |
|---|---|---|---|---|
| 제20일 | 2018. 8.6 | 레이크 루이스 | 오하라 호수 ➡ 레이크 루이스 ➡ 모레인 호수 ➡ 레이크 루이스 관광 안내소 ➡ 샘슨 몰 | 199.0 |
| 제21일 | 2018. 8.7 | 쿠트니 국립 공원 | 모레인 호수 ➡ 마블 협곡 ➡ 페인트 팟 ➡ 골든 ➡ 라듐 온천 | 388.0 |
| 제22일 | 2018. 8.8 | 밴프 | 골든 ➡ 미네완카 호수 ➡ 화이트 박물관 ➡ 밴프 파크 박물관 ➡ 버밀리온 호수 | 291.0 |
| 제23일 | 2018. 8.9 | 밴프 | 케이브&베이슨 기념센터 ➡ 캐스케이드가든 ➡ 밴프 스프링스 호텔 ➡ 보우 폭포 | 55.3 |
| 제24일 | 2018. 8.10 | 밴프 | 밴프 곤돌라 ➡ 어퍼 핫 스프링스 | 56.3 |
| 제25일 | 2018. 8.11 | 캘거리 | 데보니언가든 ➡ 캘거리 타워 ➡ 중국 문화 센터 ➡ 글렌보우 박물관 ➡ 스탬피드 공원 | 112.4 |
| 제26일 | 2018. 8.12 | 드럼헬러 | 메리스 대성당 ➡ 성 안나 성당 ➡ 캘거리 동물원 ➡ 후두스 ➡ 로열 티렐 고생물 박물관 | 183.0 |
| 제27일 | 2018. 8.13 | 드럼헬러 | 다이노서 주립 공원 ➡ 호스 시프 협곡 ➡ 오크니 뷰포인트 | 413.0 |
| 제28일 | 2018. 8.14 | 에드먼턴 | 올드 스트래스코나 ➡ 무타트 식물원 ➡ 에드먼턴 관광 안내소 ➡ 앨버타 아트 갤러리 ➡ 주 의사당 ➡ 앨버타 주립대학교 | 305.7 |
| 제29일 | 2018. 8.15 | 에드먼턴 | St. John the Evangelist Catholic Parish ➡ 에드먼턴 요새 공원 ➡ 웨스트 에드먼턴 몰 | 19.2 |
| 제30일 | 2018. 8.16 | 새스커툰 | 새스커툰 관광 안내소 ➡ 우크라이나 박물관 ➡ 서스캐처원 대학교 ➡ 파머스 마켓 | 541.2 |
| 제31일 | 2018. 8.17 | 리자이나 | 주 의사당 ➡ RCMP 박물관 | 283.9 |
| 제32일 | 2018. 8.18 | 위니펙 | 주 의사당 ➡ 위니펙 아트 갤러리 | 569.6 |
| 제33일 | 2018. 8.19 | 위니펙 | 성 메리스 대성당 ➡ 달나베르트 ➡ 성 보니파스 성당 ➡ 성 보니파스 박물관 | 208.4 |

| | | | | |
|---|---|---|---|---|
| 제34일 | 2018.8.20 | 선더 베이 | 선더 베이 박물관 ➡ 포트 아서 | 502.7 |
| 제35일 | 2018.8.21 | 배차와나 베이 | Aguasabon Falls ➡ Old Woman Bay | 630.0 |
| 제36일 | 2018.8.22 | 서드베리 | 로베르타 본다 파크 ➡ 파인 크레스트 파크 | 374.4 |
| 제37일 | 2018.8.23 | 스트렛퍼드 | 퀸즈 파크 ➡ 시 청사 ➡ 셰익스피어가든 | 472.5 |
| 제38일 | 2018.8.24 | 런던, 나이아가라 폭포 | 웨스턴 온타리오 대학교 ➡ 엘든 하우스 ➡ 코벤트 가든 마켓 ➡ 온타리오 관광 안내소 | 269.8 |
| 제39일 | 2018.8.25 | 나이아가라 폭포 | 레인보우 다리 ➡ Niagara Falls Parking | 8.1 |
| 제40일 | 2018.8.26 | 나이아가라 폭포 | 클립턴 힐 ➡ 아이맥스 극장 ➡ 스카일론 타워 | 2.9 |
| 제41일 | 2018.8.27 | 나이아가라 폭포 | 테이블 록 ➡ 올드 스카우 | 9.1 |
| 제42일 | 2018.8.28 | 나이아가라 폭포, 나이아가라 온 더 레이크 | 화이트 워터 워크 ➡ 일만불상사 ➡ Ahirlpool Aero Car ➡ 로열 보태니컬 가든 ➡ 꽃시계 ➡ 퀸스톤 헤이츠 공원 ➡ 포트조지 국립 유적지 ➡ 나이아가라 약국 박물관 | 28.6 |
| 제43일 | 2018.8.29 | 토론토 | 엑시비션 플레이스 ➡ 코리아타운 ➡ 카사 로마 ➡ 스파다이나 하우스 ➡ 바타 슈 박물관 ➡ 토론토 대학교 | 137.0 |
| 제44일 | 2018.8.30 | 토론토 | 퀸스 공원 ➡ 온타리오주 의사당 ➡ 로열 온타리오 박물관 ➡ 오스굿 홀 ➡ 시청 ➡ 구 시청 ➡ 이튼 센터 ➡ 성 삼위일체 성당 | 12.3 |

| | | | | |
|---|---|---|---|---|
| 제45일 | 2018. 8.31 | 토론토 | 하버프런트 센터 ➡ CN 타워 ➡ 로저스 센터 ➡ 로열 요크 호텔 ➡ 온타리오 미술관 ➡ 하키 명예의 홀 ➡ 세인트 제임스 교회 ➡ 세인트 로렌스 마켓 | 17.5 |
| 제46일 | 2018. 9.1 | 토론토, 킹스턴 | 세인트 폴 바실리카 ➡ 디스틸러리 ➡ 해양 박물관 ➡ 교도소 박물관 ➡ 관광 안내소 ➡ 포도나무 식당 | 280.9 |
| 제47일 | 2018. 9.2 | 킹스턴 | St. 메리스 대성당 ➡ 킹스턴 시청 ➡ 포트 헨리 | 19.4 |
| 제48일 | 2018. 9.3 | 킹스턴 | Ferry to Wolfe Island 부두 ➡ Knights Inn Kingston | 15.7 |
| 제49일 | 2018. 9.4 | 오타와 | 캐나다 전쟁 박물관 ➡ 캐나다 은행 박물관 ➡ 국회의사당 ➡ 캐나다 역사 박물관 | 204.7 |
| 제50일 | 2018. 9.5 | 오타와 | 국회의사당 ➡ 오타와 시청 ➡ 국립 아트 센터 ➡ 컨페더레이션 스퀘어 ➡ 리도 운하 ➡ 오타와 시청 ➡ 바이워드 마켓 | 21.1 |
| 제51일 | 2018. 9.6 | 오타와 | 노트르담 대성당 ➡ 국립 미술관 ➡ 네피언 포인트 공원 ➡ 리도 폭포 ➡ 리도 홀 ➡ 자끄 까르띠에 공원 | 18.5 |
| 제52일 | 2018. 9.7 | 몬트리올 | 성 요셉 성당 ➡ 캐나다 건축 박물관 ➡ 몽 우아얄 공원 | 208.1 |
| 제53일 | 2018. 9.8 | 몬트리올 | 몬트리올 미술관 ➡ 관광 안내소 ➡ 도체스터 광장 ➡ 마리 렌 뒤 몽드 대성당 ➡ 크라이스트 처치 성당 ➡ 몬트리올 현대 미술관 | 9.5 |
| 제54일 | 2018. 9.9 | 몬트리올 | 성 요셉 성당 ➡ 다름 광장 ➡ 시계탑 ➡ 킹 에드워드 항구 ➡ 고고학 박물관 ➡ 몬트리올 역사 센터 | 29.5 |
| 제55일 | 2018. 9.10 | 몬트리올 | 몬트리올 시청 ➡ 람제이 성 ➡ 봉스쿠르 마켓 ➡ 노트르담 봉스쿠르 교회 ➡ 올림픽공원 ➡ 몬트리올 식물원 | 13.6 |
| 제56일 | 2018. 9.11 | 퀘벡시티 | 퀘벡주 의회 의사당 | 252.0 |

| | | | | |
|---|---|---|---|---|
| 제57일 | 2018.<br>9.12 | 퀘벡시티 | 다름 광장 ➡ 테라스 뒤프랭 ➡ 관광 안내소<br>➡ 성 삼위일체 성당 ➡ 노트르담 대성당<br>➡ 아메리카 프랑스 박물관<br>➡ 오귀스틴 박물관 ➡ 듀빌 광장<br>➡ 웨슬리 연합 교회 | 2.8 |
| 제58일 | 2018.<br>9.13 | 퀘벡시티 | 프티 샹풀랭 거리 ➡ 승리의 노트르담 교회<br>➡ 프레스코 벽화 ➡ 문명 박물관<br>➡ 오를레앙섬 ➡ 몽모랑시 폭포 공원 | 88.5 |
| 제59일 | 2018.<br>9.14 | 퀘벡시티 | 생탄 드 보프레 성당<br>➡ 예루살렘 사이클로마 ➡ 몽 생탄 스키장 | 17.7 |
| 제60일 | 2018.<br>9.15 | 가스페반도 | Condo&Motel des Berges<br>➡ The Pirate Motel | 517.0 |
| 제61일 | 2018.<br>9.16 | 가스페반도 | Église Sainte-Anne-des-Monts<br>➡ 포리용 국립 공원 ➡ 페르세 바위 | 317.0 |
| 제62일 | 2018.<br>9.17 | 멍턴 | 마그네틱 힐 ➡ 보어 뷰 공원 | 564.0 |
| 제63일 | 2018.<br>9.18 | 샬럿타운 | 컨페더레이션 대교 ➡ 마린 레일 파크<br>➡ 빅토리아 공원 ➡ 주 의사당<br>➡ 연방 탄생 기념 공원 ➡ 연방 예술 센터 | 171.0 |
| 제64일 | 2018.<br>9.19 | 캐번디시 | 캐번디시 관광 안내소<br>➡ 그린 게이블스 우체국 ➡ 캐번디시 묘지<br>➡ 그린 게이블스 하우스 | 72.3 |
| 제65일 | 2018.<br>9.20 | 캐번디시 | 캐번디시 비치 ➡ 루시 모드 몽고메리 생가<br>➡ 그린 게이블스 박물관 ➡ 서머사이드 | 87.6 |
| 제66일 | 2018.<br>9.21 | 핼리팩스 | 히스토릭 프로퍼티스 ➡ 대서양 해양 박물관<br>➡ 노바스코샤 박물관 ➡ 주 의사당<br>➡ 그랜드 퍼레이드 ➡ 시타델 | 294.9 |
| 제67일 | 2018.<br>9.22 | 그랑 프레,<br>딕비 | 그랑 프레 관광 안내소 ➡ 에반젤린 비치<br>➡ 울프빌 ➡ 아나폴리스 로열 | 239.0 |
| 제68일 | 2018.<br>9.23 | 딕비,<br>루넨버그 | St. Patricks Catholic Church<br>➡ 야머스 ➡ 세인트존스 교회<br>➡ Fishermen's Memorial | 334.0 |
| 제69일 | 2018.<br>9.24 | 루넨버그,<br>페기스 코브 | 마흔 베이 ➡ 페기스 코브<br>➡ 호프웰 록스 파크 | 478.0 |

| | | | | |
|---|---|---|---|---|
| 제70일 | 2018.<br>9.25 | 펀디<br>국립 공원,<br>세인트존 | 펀디 국립 공원 관광 안내소<br>➡ Point Wolfe Covered Bridge<br>➡ 로열리스트 하우스<br>➡ 바버스 제너럴 스토어 ➡ 마켓 스퀘어<br>➡ 리버싱 폭포 ➡ 어빙 자연공원 | 166.6 |
| 제71일 | 2018.<br>9.26 | 프레더릭턴 | 크라이스트처치 성당 ➡ 주 의사당<br>➡ 비버브룩 미술관<br>➡ 프레더릭턴 지역 박물관 ➡ 시 청사 | 113.0 |
| 제72일 | 2018.<br>9.27 | 퀘벡시티 | Knights Inn Fredericton<br>➡ Fleur de Coucou | 604.0 |
| 제73일 | 2018.<br>9.28 | 로렌시아 고원 | 몽트랑블랑 리조트 | 371.0 |
| 제74일 | 2018.<br>9.29 | 로렌시아 고원 | 몽트랑블랑 리조트 | 10.0 |
| 제75일 | 2018.<br>9.30 | 앨곤퀸<br>주립 공원 | 노트르담 대성당 ➡ 존스타운 | 607.0 |
| 제76일 | 2018.<br>10.1 | 앨곤퀸<br>주립 공원 | Algonquin Provincial Park-East Gate<br>➡ Spruse Bog Boardwalk Trail<br>➡ Lookout Trail ➡ Two Rivers Trail<br>➡ Algonquin Provincial Park-West Gate | 169.0 |
| 제77일 | 2018.<br>10.2 | 앨곤퀸<br>주립 공원 | Algonquin Provincial Park-East Gate<br>➡ Track and Tower Trail<br>➡ Algonquin Provincial Park-West Gate | 130.0 |
| 제78일 | 2018.<br>10.3 | 토론토 | Algonquin art Centre<br>➡ Algonquin Provincial Park-West Gate<br>➡ Comfort Inn | 344.6 |
| 제79일 | 2018.<br>10.4 | 토론토 | Toronto Pearson International Airport | 1.6 |
| 계 | | | | **16312.2km** |

# 3
## 일자별 여행기

## 가. 브리티시컬럼비아 British Columbia 주

컬럼비아(British Columbia)주는 캐나다 서부에 위치하며 대자연과 현대 문화가 어우러진 매우 아름다운 곳으로, 캐나다 제3의 도시 밴쿠버(Vancouver)를 비롯하여 역사가 우아하게 빛나는 빅토리아(Victoria), 대자연이 찬란한 휘슬러(Whistler) 등 보석 같은 도시가 자리 잡고 있어 자연의 아름다움을 만끽할 수 있는 여유와 낭만이 가득한 곳이다.

세금은 연방세 5%, 주세 7%, 숙박세 10%가 부과되며 시차는 한국과 17시간(4월 첫째 주 일요일부터 10월 마지막 주 일요일까지의 서머타임은 16시간)이다. 전반적으로 온화한 기후이나 여행의 적기는 비가 적게 내리는 6~10월이다.

# 밴쿠버 Vancouver
## 2018. 7. 18(수)

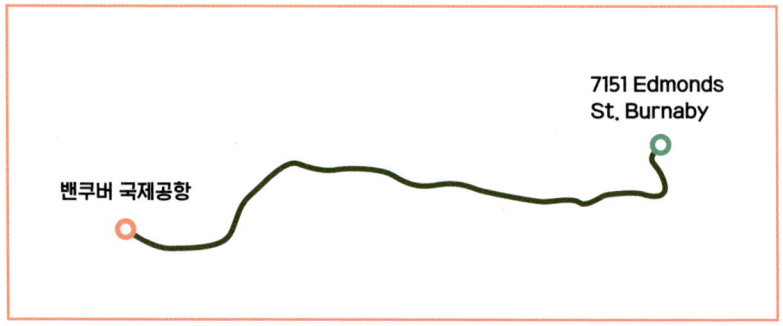

 **관광지별 이동 거리**

밴쿠버 국제공항(24.7km) ➡ 7151 Edmonds St. Burnaby

계: 24.7km

 **여행기**

오늘부터 캐나다 횡단 여행의 시작이다.

 이번 캐나다 횡단 여행은 17일간의 알레스카 일주 여행을 마치고 이어지는 여행이다. 알레스카의 앵커리지에서 오후 4시 15분에 출발한 비행기는 3시간 정도 걸려 캐나다의 밴쿠버 국제공항(Vancouver International Airport)에 도착하였다. 비행기가 공항에 가까워지니 우거진 나무 숲속에 자리하고 있는 밴쿠버 시내의 모습이 흐릿하게 보인다. 이제 캐나다 횡단 여행이 시작되는구나 생각하니 새로운 세계를 보게 된다는 희망으로 가슴이 벅차다.

하늘에서 본 밴쿠버 시내의 모습

밴쿠버 국제공항(Vancouver International Airport)에 내리니 무척 맑고 상쾌한 느낌이 든다. 알래스카의 앵커리지보다 1시간이 빨라서 지금 시간은 오후 8시 15분이다. 입국 수속을 마치고 공항 밖으로 나가니 밴쿠버 다운타운에서 조금 떨어진 버나비(Burnaby)에 살고 있는 황사장 부부가 마중을 나와 주셨다. 두 분은 15년 전에 캐나다에 이민을 오셨는데 한국에서 우리 부부와 친숙하게 지내던 사이였다. 우리가 밴쿠버에 머무는 동안 같이 지내자고 하여 두 분 집으로 갔다.

저녁에는 황 사장 부부가 미리 준비한 푸짐한 삼겹살과 싱싱한 상추쌈으로 맛있게 저녁 식사를 하였다. 와인 한 잔씩 하며 옛날이야기와 그동안 밴쿠버에서 살아온 이야기로 즐거운 시간을 가졌다. 알래스카 17일간의 여행을 마친 후라 모처럼 한식으로 식사를 하게 되어 더욱 특별한 시간이 되었다. 우리가 편안하게 머무를 수 있도록 안방을 내어 주면서 환대하여 주시는 두 분의 우정에 너무나 감사한 마음이다.

이렇게 캐나다 횡단 여행은 브리티시컬럼비아(British Columbia)주의 밴쿠버에서부터 시작되었다.

# DAY 02 밴쿠버 다운타운 Vancouver Down Town
## 2018. 7. 19 (목)

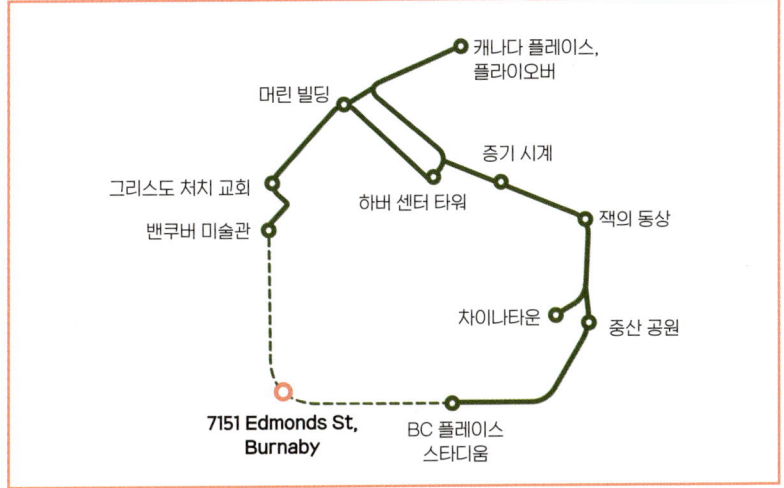

------ 점선으로 표시된 부분은 상대적으로 훨씬 긴 거리를 축소해서 간단히 그린 것

## 🚗 관광지별 이동 거리

7151 Edmonds St, Burnaby(19.1km) ➡ 밴쿠버 미술관(0.3km)
➡ 그리스도 처치 교회(0.8km) ➡ 하버 센터 타워(0.5km)
➡ 캐나다 플레이스, 플라이오버(0.3km) ➡ 머린 빌딩(1.1km)
➡ 증기 시계(0.4km) ➡ 잭의 동상(0.7km) ➡ 차이나타운(0.3km)
➡ 중산 공원(1.3km) ➡ BC 플레이스 스타디움(1.0km)
➡ 하버 센터 타워(19.2km) ➡ 7151 Edmonds St, Burnaby

계: 45.0km

## 여행기

아침에 일어나니 맑은 날씨다. 어제 저녁에 황 사장 부부께서 크게 환대를 해 주셔서 편안히 휴식을 취하고 나니 기분이 상쾌하다.

오늘은 밴쿠버에서의 관광 첫날로 밴쿠버 다운타운에 있는 관광지를 구경한다. 캐나다 BC 출신의 여류 작가 에밀리 카(Emily Carr)와 그룹 오브 세븐(Group of 7)의 작품이 전시되어 있는 밴쿠버 미술관, 스테인드글라스가 화려한 그리스도 처치 교회, 밴쿠버에서 가장 높은 전망대인 하버 센터 타워, 밴쿠버의 관광 명물인 비행 시뮬레이션을 볼 수 있는 플라이오버, 음악이 나오는 개스타운의 증기 시계 등을 둘러보는 일정이다.

밴쿠버는 캐나다 제3의 도시로 온화한 기후를 가진 아름다운 항구 도시다. 1792년 영국인 조지 밴쿠버(George Vancouver, 1757~1789) 선장의 항해로 그 역사가 시작되었으며 캐나다 서부 지역 중 경제적으로 가장 발달한 도시다. 여행하기에 좋은 계절은 비가 적게 내리는 7~8월이다. 우리나라와 직항 노선을 갖고 있어 교통이 좋으며 우리나라와는 17시간(16시간의 서머타임)의 시차가 있다.

오전 10시경 버나비(Burnaby)를 출발하여 밴쿠버 다운타운에 있는 밴쿠버 미술관(Vancouver Art Gallery)으로 향하는데 시내 교통이 많이 정체된다.

오전 11시 반경 밴쿠버 미술관(Vancouver Art Gallery)에 도착했다. 미술관은 1906년 신 르네상스 양식으로 지어져 외관이 무척 화려하고 웅장하다. 건물 앞 넓은 광장에 있는 의자에서 몇 사람이 담소를 나누고 있다.

밴쿠버 미술관

미술관 3층에 올라가니 소품이 많이 전시되어 있고 한 무리의 어린이들이 관람을 하고 있다. 한쪽에 있는 미술관에는 어린이들이 피아노를 연주하면 미술관 건물에 불이 들어오도록 장치를 해 놓아 어린이들이 즐거운 모습으로 피아노 연주를 하고 있다. 또 하나의 갤러리에는 아유미 고토(Ayumi Goto)와 페터 머린(Peter Morin), 그리고 캐나다 자연의 아름다움을 풍성하게 표현한 그룹 오브 세븐(Group of 7)의 작품들이 전시되어 있다.

피아노 연주하는 어린이들

미술관 4층에는 BC주 출신의 여류 화가 에밀리 카(Emily Carr 1871~1945)의 묵직한 느낌이 나는 작품이 전시되어 있다. 그녀의 작품은 주로 캐나다의 자연과 원주민들의 생활과 문화를 표현한 것이 특징이다.

에밀리 카의 작품

David Milne(1882~1953)의 그림도 전시되어 있다.

David Milne의 작품

밴쿠버 미술관 맞은편에 있는 그리스도 처치 교회(Christ Church Cathedral)를 관광하였다. 개신교 교회로 교회 내부에는 신, 구약의 성경 내용을 표현한 29개의 스테인드글라스와 좌우에 있는 12사도 스테인드글라스가 무척 화려하다. 교회 뒤편에는 거대한 파이프 오르간이 설치되어 있다.

**아름다운 스테인드글라스**

점심을 먹고 부근에 있는 하버 센터 타워(Harbour Centre Tower)를 관광하였다. 밴쿠버에서 가장 높은 빌딩으로 높이가 167m이다. 40층 옥상의 'The Lookout' 전망대에 올라가니 사방이 유리창으로 둘러싸여 있어 360° 밴쿠버의 환상적인 경관을 감상할 수 있다. 여러 가지 모양의 고층 빌딩들이 아름다운 밴쿠버를 형성하고 있어 매우 인상적이었다.

밴쿠버 다운타운

산책로

하버 센터 타워 관광을 마치고 해변에 있는 캐나다 플레이스(Canada Place)를 관광하였다. 1986년 밴쿠버에서 열린 '86 엑스포'를 위하여 지어진 건물로 세계 무역 센터(World Trade Centre)와 밴쿠버 컨벤션&전시 센터(Vancouver Convention&Exhibition Centre)로 사용하고 있다. 흰 돛을 펄럭이는 범선 모양의 지붕이 인상적인데 바다 쪽으로는 산책로가 있어 멋진 경치를 감상하기에 좋다.

해변을 따라 많은 사람들이 산책을 하고 있고 바다에는 수상 비행기가 수시로 이·착륙을 하고 있어 즐거운 볼거리를 제공하고 있다.

수상 비행기

컨벤션 센터 홀에는 3층 높이의 커다란 토템 폴(Totem Pole)이 세워져 있다.

산책로를 따라 걷다 보니 플라이오버 (flyover Canada)로 들어가는 입구가 나온다. 여기는 밴쿠버의 관광 명물로 아름다운 캐나다의 전망을 즐길 수 있는 비행 시뮬레이션 (Simulation)을 볼 수 있는 곳이다.

원형의 조그만 극장에서 캐나다 개척 시대의 영상을 보고 다음 방으로 이동하여 의자에 앉아 캐나다의 아름다운 전망을 감상하게 된다. 커다란 돔형 스크린에 표현되는 시뮬레이션은 바람과 안개까지 재연하는 신개념 4D 체험 관광으로 캐나다 자연의 아름다운 영상에 모두 환성을 올린다. 캐나다의 아름다운 자연을 영상으로 보고 나니 캐나다 관광에 대하여 더 큰 기대감을 가지게 된다.

토템 폴

플라이오버 입구

머린 빌딩

아름다운 영상을 보고 나와서 길 건너편에 있는 머린 빌딩(Marine Building)을 관람하였다. 97.6m 높이의 22층 건물로 지붕이 독특한 모양을 하고 있다. 내부는 바다를 주제로 한 아르 데코(art déco) 양식으로 장식되었다. 현관문의 조각과 바닥, 천장, 벽이 모두 화려하고 아름답다.

워터 스트리트(Water St.)를 따라 걸었다. 도로 양쪽에 상가가 이어져 있는데 차량이 무척 많이 통행하고 보도에는 사람들로 넘쳐 난다.

오후 5시경 개스타운(Gastown)에 있는 증기 시계(Steam Clock) 앞에 도착하였다. 마침 증기 시계가 증기를 내뿜으며 음악을 들려주고 기적을 울린다. 이 시계는 증기로 움직이는 세계 최초의 시계로 높이 5m, 무게 2t이며 15분마다 증기를 내뿜는다고 한다.

증기 시계

잭의 동상

　증기 시계를 보고 조금 더 걸어 내려가니 삼거리 한쪽에 개시 잭의 동상(Gessy Jack Statue)이 세워져 있다. 개시 잭(Gessy Jack)은 1867년 이곳 개스타운을 마을로 발전시킨 사람이다. 초기의 상점들이 밀집되어 있고 광장 앞에 있는 카페에는 많은 사람들이 모여 앉아 맥주를 즐기고 있다.

　잭의 동상을 보고 서쪽 방향으로 이동하여 차이나타운(Chinatown)을 관광하였다. 캐나다에서 가장 크고 북아메리카에서 두 번째(첫 번째는 샌프란시스코의 차이나타운)로 큰 차이나타운이다. 1800년대 중반

차이나타운 입구

중국인들이 캐나다 대륙 횡단 철도 공사의 건설 인부로 일하기 위해 캐나다로 건너와 철도 건설 작업이 끝나고 정착해 살기 시작하였다고 한다.

그 옆에 있는 중산 공원(中山公園, Dr.Sun Yat-Sen Classical Chinese Gaden)을 관람하였다.

중산 공원은 1986년 밴쿠버 엑스포 때 중국의 지도자 쑨원(孫文, 1866~1925)의 이름을 따서 만들었다. 중국 쑤저우(蘇州)에 있는 14~17세기경 명나라 때의 중국 전통 정원을 재현한 것으로 중국 본토의 재료를 들여와 만들었다. 중국식 정원 사이에 있는 작은 정자는 중국 전통 건축 기술인 못과 나사를 전혀 사용하지 않고 나무 조각을 끼워 맞추는 기법으로 만들었다고 한다.

공원 입구에 쑨원의 흉상이 세워져 있고 좀 더 들어가니 중국식 정원(유료)이 나온다. 작은 정자의 처마가 하늘을 향하여 솟아오르듯 특이한 모습이다.

정자

BC 플레이스 스타디움(BC Place Stadium)을 관광하였다. 1983년 개관한 6만 석 규모의 경기장으로 커다란 계란프라이처럼 생긴 지붕은 천으로 만들었으며 세계에서 가장 큰 규모를 가진 공기 부양 방식의 돔이다. 하버 센터 타워에서 내려다보이는 경기장의 모습이 매우 인상적이었다.

BC 플레이스 스타디움

저녁에는 밴쿠버 다운타운에 있는 한국 식당에 가서 비빔밥하고 제육볶음을 먹었다. 하버 센터 타워(Harbour Centre Tower)의 야경을 관람하였다. 하버 센터 타워의 입장권은 전망대 입장과 스카이 리프트 이용료가 포함되어 있고 1일권이라 다시 들어갈 수가 있다. 낮에 본 거대한 밴쿠버의 모습과 밴쿠버의 야경은 또 다른 환상적인 광경이었다.

오늘은 밴쿠버의 중심부를 한 바퀴 돌아보는 일정이라 많이 걸어 피곤하기는 하여도 밴쿠버의 아름다움을 직접 느껴 볼 수 있는 즐거운 하루였다.

밴쿠버 다운타운의 야경

# DAY 03 밴쿠버 Vancouver
## 키칠라노 Kitsilano
### 2018. 7. 20(금)

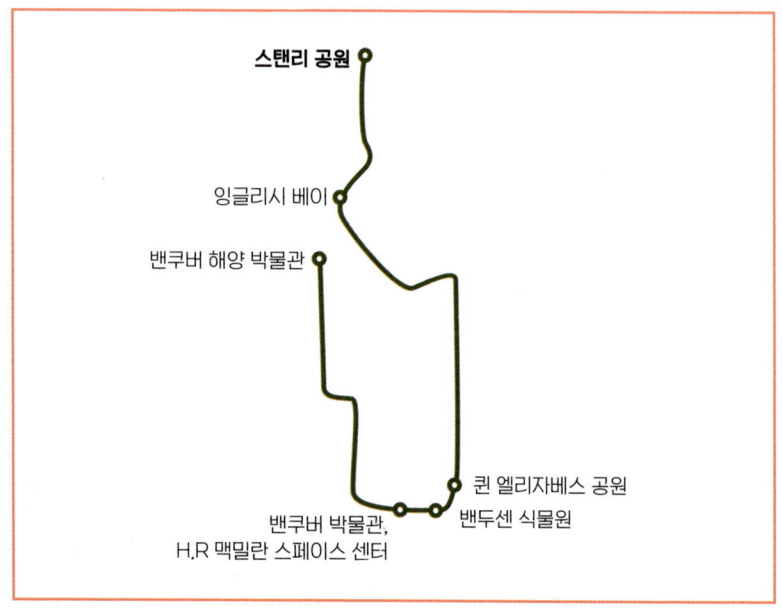

🚗 **관광지별 이동 거리**

7151 Edmonds St. Burnaby(21.0km) ➡ 스탠리 공원(4.9km)
➡ 잉글리시 베이(7.0km) ➡ 퀸 엘리자베스 공원(1.2km)
➡ 밴두센 식물원(5.8km) ➡ 밴쿠버 박물관, H.R 맥밀란 스페이스 센터(0.3km)
➡ 밴쿠버 해양 박물관(20.0km) ➡ 7151 Edmonds St. Burnaby

계: 60.2km

 **여행기**

오늘은 밴쿠버 다운타운의 북쪽에 있는 스탠리 공원(Stanley Park)을 둘러보고, 밴쿠버에서 가장 높은 해발 152m의 리틀 마운틴에 있는 퀸 엘리자베스 공원을 관람한다. 밴쿠버에서 가장 큰 밴두센 식물원과 캐나다 건국 100주년을 기념해 만든 밴쿠버 박물관을 관광하고, 잉글리시만(English Bay) 해안에 위치한 밴쿠버 해양 박물관을 둘러보는 일정이다.

오전 11시경 스탠리 공원(Stanley Park)에 있는 로윙클럽(Rowing Club)에 도착하였다.

스탠리 공원은 다운타운의 북서쪽에 있는 밴쿠버의 최고 명소 중 하나로 122만여 평에 향나무가 울창한 숲을 이루고 있다. 1888년 연방 정부의 총독이었던 스탠리 경의 이름을 따서 명명하였다. 공원 무료 셔틀버스(Stanley Park Shuttle)는 12~15분마다 운행되는데 공원 입구에서 가장 가까운 정거장은 로윙클럽(Rowing Club)이다. 공원의 외곽으로 차도가 나 있어 자동차로 이동할 수 있고, 해안선을 따라 조성되어 있는 총 10km에 달하는 시월(Seawall)이라는 자전거 도로를 따라 자전거를 타거나 도보로 공원을 돌 수 있다.

로윙클럽 앞에는 보트가 몇 척 정박해 있고 왼쪽 언덕에는 우거진 거목 사이에 스코틀랜드의 민족시인 Robert Burns(1759~1796)의 동상이 우뚝 서 있다. 자전거 도로가 잘 만들어져 있어 자전거를 타는 사람들과 산책을 하는 사람들이 무척 많다.

Robert Burns 동상

　로윙클럽에서 해변을 따라 조금 이동하니 죽은 자들의 섬(Deadman's Island)이 나온다. 이곳은 옛날 밴쿠버에 살던 원주민들과 관련된 전설이 전해 내려오는 곳으로 지금은 해군 훈련소로 사용되고 있어 일반인들의 출입이 통제된다.

조금 더 이동하니 공원 관리 사무소가 나온다. 그리고 그 뒤로 토템 폴 (Totem Pole)이 세워져 있는데 이것은 원주민 부족의 전설을 형상화한 것이다. 족장과 주술사 등을 상징하는 8개의 조각 작품은 크기가 무척 크고 여러 가지 색으로 화려하게 단장을 해 놓아 무척 이채롭다.

죽은 자들의 섬 입구

토템 폴

잠수복 입은 소녀상

해변으로 이어진 도로를 따라 이동하니 바닷가에 잠수복 입은 소녀(Girl in Wetsuit)상이 보인다. 바다 위로 불쑥 솟아오른 바위 위에 있는 청동 여인상으로 바닷물의 수위가 높아지면 물속에 잠긴다고 한다.

이어서 라이온스 게이트다리(Lion's Gate Bridge)가 나온다. 길이 1.5km로 캐나다에서 가장 긴 다리다. 다리 위에서 보면 봉긋한 두 산봉우리가 다리 너머 지평선에 보이는데 사자의 귀를 닮아서 붙여진 이름이라고 한다.

조금 더 진행하니 프로스펙트 포인트(Prospect Point)가 나온다. 스탠리 공원에서 가장 높은 64.5m에 있는 전망대로 '라이온스 게이트다리(Lion's Gate Bridge)'가 멋지게 보인다.

라이온스 게이트다리

또다시 조금 더 진행하니 홀로 트리(Hollow Tree)가 있다. 수령 800년, 둘레 18.3m로 속이 빈 나무인데 죽은 상태다. 주변에는 무척 큰 나무들이 많이 있는데, 이 나무가 살아 있었던 모습을 조금이나마 상상해 볼 수 있을 것 같다.

홀로 트리

스텐리 공원을 한 바퀴 돌아 나오니 잉글리시 베이(English Bay Beach)로 이어진다. 해변에는 많은 통나무가 놓여 있고 사람들이 없어 쓸쓸한 모습이다.

잉글리시 베이

여기는 매월 1월 1일 차가운 바다에 들어가 겨울 추위를 물리치는 폴라 베어 수영 대회(Polar Bear Swim)가 열린다. 참가자가 2,000명이 넘는다고 한다. 또 7월 말에는 불꽃 축제(Celebration of Light)가 열려 수많은 불꽃이 밤하늘을 수놓는다고 한다.

해변 앞에 있는 다양한 모양의 얼굴을 한 작품이 눈길을 끈다.

다양한 모양의 얼굴을 한 작품

오후 1시경 퀸 엘리자베스 공원(Queen Elizabeth Park)에 도착하였다.

이 공원은 1939년 영국 엘리자베스 여왕의 방문을 기념해, 밴쿠버에서 가장 높은 리틀 마운틴(Little Mauntain, 해발 152m)에 조성한 16만여 평의 넓은 공원이다.

공원 정상에 있는 'Seasons in the Park Restaurant'에서 점심 식사를 하였다. 손님도 많고 음식도 맛이 있으며 창밖으로 보이는 정원이 너무 아름답다.

식사 후 아름답게 꽃으로 장식해 놓은 공원을 한 바퀴 돌아보았다. 언덕에서 밴쿠버 시내가 숲속 건너로 바라다보이고 잘 가꾸어 놓은 정원의 모습이 아름답다. 사진 촬영을 하는 장면을 묘사해 놓은 조형물이 세워져 있다.

공원 정상에는 기념석과 함께 시원스럽게 물이 흐르고 있는 분수대가 있고 그 옆에는 거대한 플라스틱 돔으로 되어 있는 원통형의 블뤼델 온실(Bloedel Conservatory)이 있다. 열대 식물, 아열대 식물, 열대 우림 식물 등 400여 종의 다양한 식물과 화려한 열대 조류를 감상할 수 있는 곳이다.

밴쿠버 시내

불뤼덜 온실

오후 2시 반경 밴두센 식물원(VanDusen Botanical Garden)에 도착하였다. 밴쿠버에서 가장 큰 식물원으로 1957년 개장했는데 6만 7,000평에 전 세계에서 수집한 7,500여 종의 나무가 심어져 있다고 한다. 아름다운 호수가 보이고 분수가 시원스럽게 뿜어져 나오고 있다. 호수에는 붉은 색과 흰 색의 연꽃이 어우러져 그림 같이 아름답다. 많은 꽃들로 장식된 아름다운 정원이 이어진다.

분수

아름다운 꽃밭

한국 정원에는 육각정이 만들어져 있고 무궁화, 동백나무를 심어 놓았다.

한국 정원의 육각정

한국 정원 한쪽에 반병섭의 시를 적은 시판이 있다.

그대
배달의 후예이거든
뜰 앞에 무궁화를 심어야 하네
(이하 생략)

반병섭, 〈그대 배달의 후예이거든〉, 반씨문인회

오후 4시경 밴쿠버 박물관(Vancouver Museum)에 도착하였다.

**캐나다 건국 100주년을 기념해 만든 캐나다에서 가장 큰 시립 박물관으로 잉글리시 베이(English Bay)의 남쪽에 있는 배니어 공원(Vanier Park) 안에 있다. 이 박물관은 밴쿠버의 역사와 이민 온 유럽인들의 정착 역사를 주제로 한 작품을 전시하고 있는 곳이다.**

원형의 모습으로 지어진 박물관의 분수대에는 커다란 바닷가재 조형물이 만들어져 있는데 밴쿠버의 원주민인 하이다(Haida)족의 대륙 수호신을 상징한다고 한다. 분수대 안에서 거위 세 마리가 한가하게 노닐고 있다.

밴쿠버 박물관

밴쿠버 박물관 건물 안에 H.R. 맥밀란 스페이스 센터(H.R. MacMillan SpceCentre)도 같이 있다. 이곳은 우주를 주제로 한 박물관으로 아폴로 우주선을 타고 달에 갔던 콜린스(Collins)의 실제 우주복도 전시되어 있는데 관광객이 거의 없어 한산하다.

잉글리시만(English Bay) 해변에 있는 밴쿠버 해양 박물관(Vancouver Maritime Museum)을 방문하였다. 삼각형 모양으로 만들어진 이 박물관에는 다양한 보트와 선박 등 항해와 관련된 각종 용품과 순시선 세인트 로크(St. Roch)호가 전시되어 있다. 박물관 앞 바닷가에는 많은 사람들이 가족과 함께 시간을 보내고 있는 한가로운 모습이다.

밴쿠버 해양 박물관

# DAY 04
## 리치먼드 Richmond
## 화이트 록 White Rock
### 2018. 7. 21(토)

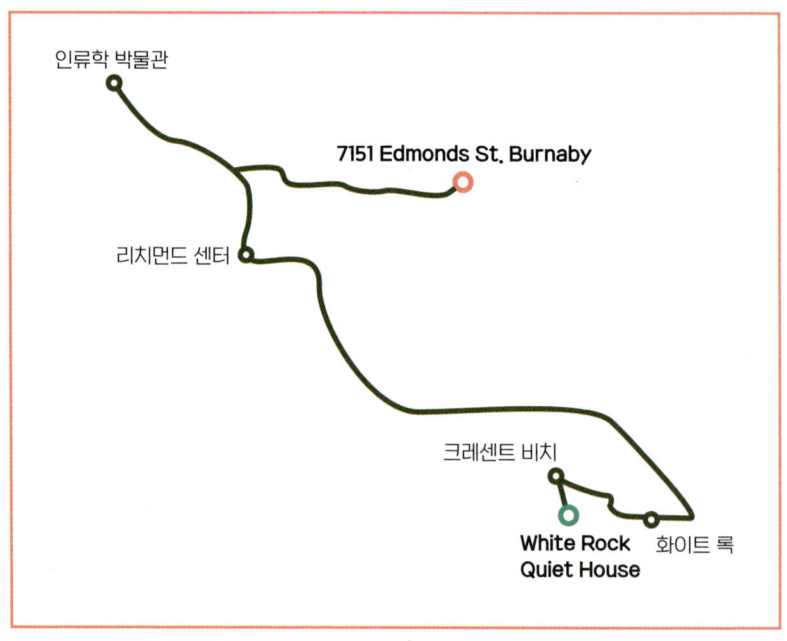

### 🚗 관광지별 이동 거리

7151 Edmonds St. Burnaby(25.2km) ➡ 인류학 박물관(18.1km)
➡ 리치먼드 센터(39.3km) ➡ 화이트 록(9.0km) ➡ 크레센트 비치(3.5km)
➡ White Rock Quiet House

계: 95.1km

 **여행기**

   오늘은 캐나다에서 가장 우수한 인류학 박물관을 관람하고, 써리에 있는 화이트 록과 크레센트 비치를 둘러보는 일정이다.

   황 사장 부부 댁을 떠나는 날이다. 매일 우리에게 많은 시간을 할애해 주시고 고향의 정취를 느낄 수 있도록 식사 등 많은 편의를 제공해 주셨다. 오랜만에 김치도 많이 먹었다. 너무나 고마운 마음이다.

   12시경 인류학 박물관(USC, Museum of Anthropology)에 도착하였다.

**인류학 박물관은 컬럼비아 주립대학교(UBC, University of British Columbia) 안에 있으며 캐나다에서 가장 우수한 박물관이다. 전 세계에서 모은 민속 공예품과 생활 도구 등 1만 4,000여 점을 소장하고 있다고 한다. 캐나다 원주민의 공예품 중 토속 신앙과 연관이 깊은 토템 폴(Totem Pole)이 이 박물관의 상징이다.**

   박물관 입구에는 사람의 형상을 한 조형물이 세워져 있다.

   박물관 입구에 밴쿠버 등 캐나다 전역에서 출토된 원주민들의 작품이 전

박물관 입구

시되어 있다. 무척 큰 토템 폴에서부터 손바닥만 한 크기의 조각품까지 종류도 많고 모양도 다양하다. 안내소에는 한국어 설명서가 있다.

그레이트 홀(Great Hall)로 들어가니 무척 큰 토템들이 전시되어 있다.

전시되어 있는 토템들

입구 사이에 있는 통로를 따라 들어가니 둥근 홀이 나온다. 박물관에서 가장 유명한 소장품 '까마귀와 최초의 인간들'이 전시되어 있는데 이 전시물은 남부 지역의 원주민 하이다족의 탄생 신화를 표현한 것이라고 한다.

공예품이 국가별로 전시되어 있는데 한국관에는 한복 저고리와 각종 공예품들이 전시되어 있다.

1  까마귀와 최초의 인간들
2  전시품
3  한국관의 전시품

야외 전시장의 토템 폴

박물관 뒤에 있는 야외 전시장에도 여러 가지의 토템 폴이 전시되어 있다.

인류학 박물관 관람을 마치고 UBC 식물원(USC Botanical Garden)에 들렀다. 캐나다에서 두 번째로 큰 식물원으로 3,100여 종의 식물을 보유하고 있다. 식물원 앞에는 많은 꽃들을 잘 가꾸어 놓아 무척 아름답다.

UBC 식물원

오후 2시경 리치먼드 센터(Richmond Centre)에 도착하였다. 리치먼드의 번화가 중심에 있는 쇼핑센터로 240여 개의 상점들이 몰려 있는 곳이다. 쇼핑센터를 잠시 돌아보고 부근에 있는 Deer Garden Signatures에서 점심 식사를 하였다. 중국식 식당인데 육류와 해물을 섞어 만든 국수가 일품이었다. 황 사장 부부께서 강력 추천하시며 여기까지 동행해 주셨는데 음식이 특이하고 맛이 좋아 오랫동안 기억에 남을 것 같다.

Deer Garden Signatures 레스토랑

오후 5시 반경 써리(Surrey)의 화이트 록(White Rock) 해변에 도착하였다. 작은 기차역이 있고 바닷가를 따라 이어지는 철길 주변으로 많은 레스토랑과 카페가 줄지어 있는데, 관광객이 무척 많아 주차장이 만원이다.

바닷가에 '화이트 록'이라는 흰색 바위가 있다. 무척 큰 바위로 사람이 올라갈 수 있도록 나무 받침을 설치해 놓아 사람들이 이 바위를 오르내린다.

전설에 의하면 코위찬족의 추장 딸과 바다 신의 아들이 부모의 반대에도 불구하고 결혼을 하고 자신들의 보금자리를 결정하기 위하여 커다란 돌을 바다에 던졌다고 한다. 이곳이 그 바위가 멈춘 곳이라고 하며 이를 기념하기 위하여 돌에 하얀 칠을 해 놓았다고 한다.

화이트 록

화이트 록 앞에는 바닷가 한가운데로 보드 워크를 만들어 놓아 많은 사람들이 산책을 하고 있다. 보드 워크를 따라 바다 가운데로 들어가니 시원한 바닷바람이 상쾌하다.

보드 워크

해변 앞에 있는 언덕에는 나무숲 속에 많은 주택들이 들어차 있는 모습이 아름답게 보인다.

언덕에 있는 주택

**크레센트 비치**

20여 분 거리에 있는 크레센트 비치(Crescent Beach)를 구경하였다. 이곳은 게잡이의 명소이며 아름다운 석양으로 유명한 곳이다. 해변은 넓지 않으나 사람들이 해변에서 한가로운 오후를 즐기고 있다.

White Rock Quiet House

오늘의 숙박지로 예약해 놓은 White Rock Quiet House를 찾느라고 한참을 헤매었다. 조용한 주택가에 있는 가정집인데 집 앞에 간판이 없어 찾는 데 힘이 들었으나 집 내부는 깨끗하게 정리되어 있어 편안한 느낌이 든다.

# DAY 05 밴쿠버섬 Vancouver Island
## 2018. 7. 22(일)

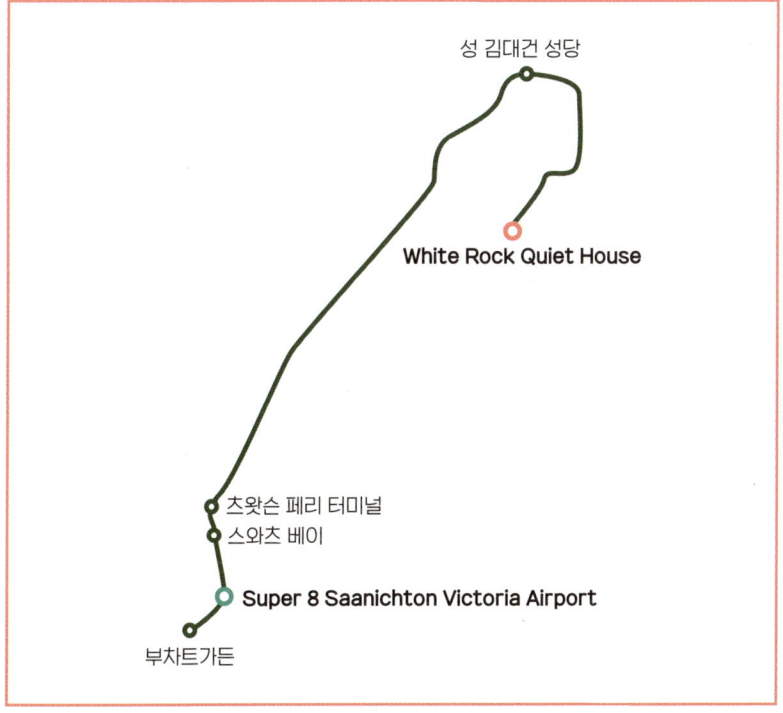

## 🚗 관광지별 이동 거리

White Rock Quiet House(24.1km) ➡ 성 김대건 성당(49.0km)
➡ 츠왓슨 페리 터미널(46.9km) ➡ 스와츠 베이(20.0km)
➡ 부차트가든(8.0km) ➡ Super 8 Saanichton Victoria Airport

계: 148.0km

## 📔 여행기

오늘은 카페리를 타고 밴쿠버섬으로 들어가 밴쿠버섬에 있는 세계적인 꽃의 정원 부차트가든을 방문하여 다양한 꽃들의 향연을 즐기는 일정이다.

아침 7시 20분 숙소를 출발하였다. 해가 맑게 떠오르고 하늘은 구름 한 점 없이 청명한 날씨다. 조용한 마을 조용한 집에서 하룻밤을 잘 쉬었다.

오늘은 일요일이라 Surrey에 있는 성 김대건 성당(St. Andrew Kim Parish)에 미사 참례를 하러 갔다. 성당이 무척 크고 신자들도 매우 많으며 성당 활동도 활발한 것 같다. 한국인 신자들을 만나 오랜만에 한국에 관한 이야기와 캐나다 여행에 관한 이야기를 나누었다. 만남의 방에서 한국 음식을 판매하고 있어 점심 식사로 김밥과 어묵과 떡볶이를 사 먹었다.

성 김대건 성당

성당을 출발하여 밴쿠버섬으로 들어가는 츠왓슨 선착장(Tsawwassen Ferry Terminal)으로 향하였다. 도로에 차량들이 많아 시간이 많이 걸린다.

오전 10시 55분경 츠왓슨 선착장에 도착하니 사람들이 11시에 출발하는 카페리에 승선을 하고 있다. 12시에 출발하는 페리를 예약하였는데 그냥 승선시켜 준다.

카페리는 5층으로 되어 있는 큰 배인데 1층과 2층에 자동차를 싣고, 5층에는 큰 식당과 조그마한 뷔페가 하나 더 있다. 1시간마다 배가 출발하는데 승객이 무척 많다. 카페리는 1시간 40분이 걸려 밴쿠버섬의 스와츠 베이(Swartz Bay) 선착장에 도착했다.

밴쿠버섬은 남한 면적의 1/3 정도이고 인구는 약 34만 명이며 컬럼비아의 주도(州都) 빅토리아(Victoria)가 있다. 여행하기 좋은 계절은 비가 적고 하늘이 찬란하게 푸르른 8~9월이다. 밴쿠버 남쪽에 있는 츠왓슨 페리 선착장(Tsawwassen Ferry Terminal)과 밴쿠버 북쪽에 있는 호슈 베이(Horseshoe Bay) 선착장에서 페리가 운항한다.

오후 1시 40분 부차트가든(The Butchart Gardens)에 도착하였다. 공원의 규모가 무척 크게 느껴진다. 입구에는 입간판이 커다랗게 만들어져 있다.

부차트가든은 전 세계의 꽃과 나무를 주제별로 만든 세계적인 꽃의 정원이다. 석회석 채석장을 소유한 부차트 부부가 1900년대 초에 개조하여 총면적 50에이커에 이르는 아름다운 정원을 만들어 놓았다. 5월 중순에서 9월 사이에는 화려한 불꽃놀이를 비롯해서 뮤지컬, 인형극 등 흥미로운 행사가 펼쳐진다. 야간 조명 시설이 설치되어 나무 꼭대기와 풀밭 사이에서 빛나는 불빛들이 연못에 반사되는 모습이 아름답다. 부차트가든은 성큰가든(Sunken Garden)과 로즈가든(Rose Garden), 재패니즈가든(Japanese Garden), 이탈리아가든(Italian Garden)으로 나누어져 있다.

입구로 들어가니 아름다운 꽃들로 단장된 꽃길이 이어진다.

꽃길

오른쪽 방향에 있는 로즈가든(Rose Garden)으로 들어갔다. 달리아(dahlia)가 활짝 피었고 다양한 장미가 심어져 있다. 장미로 아치도 만들어 놓았는데 장미가 많이 지고 있어 아쉽다.

장미 아치

재패니즈가든(Japanese Garden)의 토리 게이트(Torii Gate)를 지나고 나무 우거진 숲속 길을 걸었다. 일본 학생들이 단체 관광을 왔는지 많이 보인다.

공연을 할 수 있는 무대도 크게 만들어져 있고 커다란 토템 폴도 세워져 있다.

공연을 할 수 있는 무대

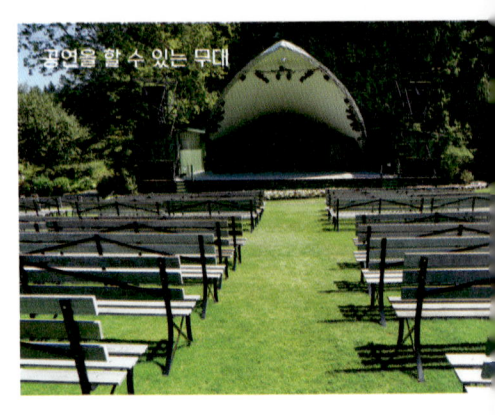

이탈리아가든의 연못에는 로마 신화에 나오는 신들의 사자 머큐리(Mercury) 조각상 가운데에서 분수가 힘차게 솟아오르고 있다.

멋지게 만들어진 용의 조각상도 보인다.

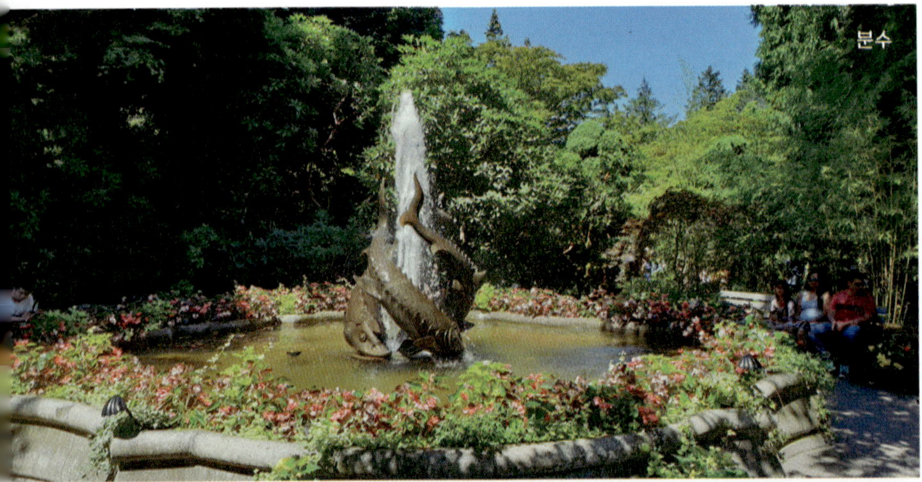

분수

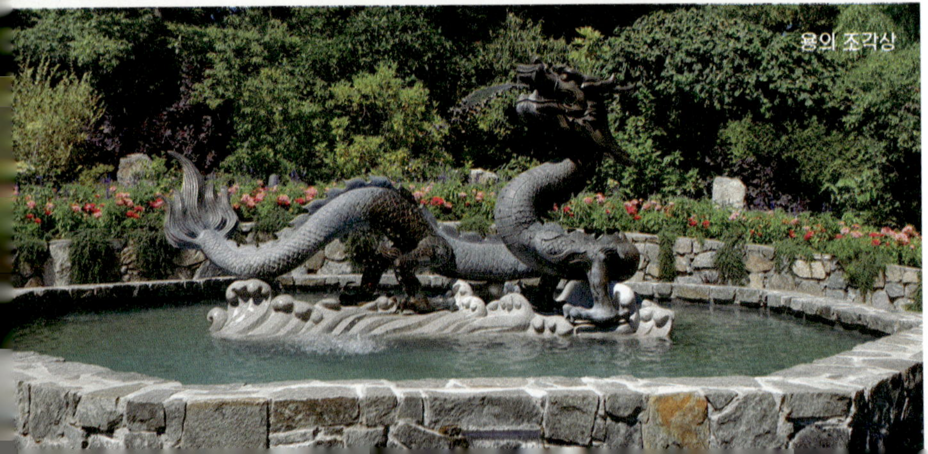

용의 조각상

왼쪽 언덕 아래에 화려하게 펼쳐진 성큰가든(Sunken Garden)을 구경하였다. 부차트가든에서 가장 아름다운 모습을 보여 주는 정원이다. 하늘을 찌를 듯 솟아 있는 거목들을 지나 언덕을 내려가니 정원이 나무와 꽃이 어우러져 참으로 아름답다.

꽃들이 화려하게 피어 어느 곳을 보아도 한 장의 아름다운 그림이다.

아름다운 정원

아름다운 꽃밭

분수

꽃길을 걸어 내려가니 힘차게 솟아오르는 분수가 보인다. 보타닉가든은 지금 한창 꽃들의 향연이 펼쳐져 있다.

출입구 부근에 커다란 수퇘지상이 세워져 있다. 코를 만지면 행운이 온다는 전설이 있는지 사람들이 많이 만져서 수퇘지의 코가 반들반들하다.

오늘은 밴쿠버섬의 아름다운 자연 속에서 너무나 즐거운 하루를 보낸 것 같다. 참으로 행복한 시간이었다.

수퇘지상

# DAY 06 빅토리아 Victoria
2018. 7. 23(월)

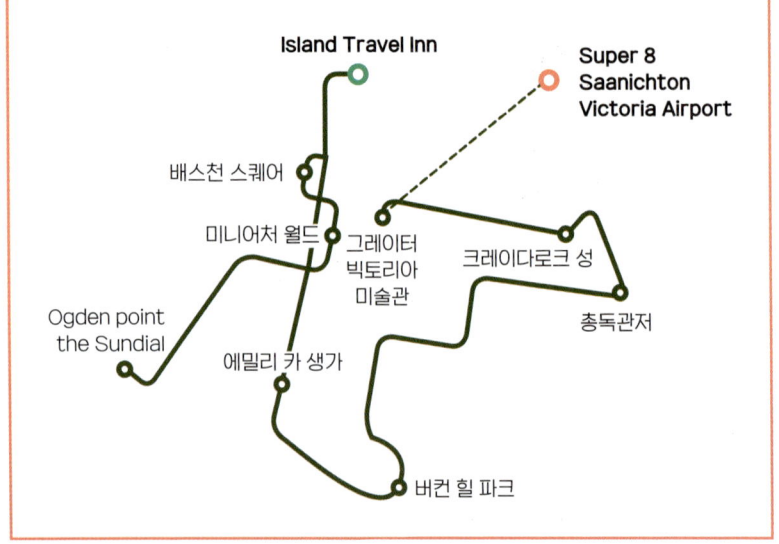

------ 점선으로 표시된 부분은 상대적으로 훨씬 긴 거리를 축소해서 간단히 그린 것

## 🚗 관광지별 이동 거리

Super 8 Saanichton Victoria Airport(21.3km)
➡ 그레이터 빅토리아 미술관(0.6km) ➡ 크레이다로크 성(0.5km)
➡ 총독관저(2.2km) ➡ 버컨 힐 파크(1.9km) ➡ 에밀리 카 생가(1.6km)
➡ 배스천 스퀘어(0.5km) ➡ 미니어처 월드(2.1km)
➡ Ogden point the Sundial(3.0km) ➡ Island Travel Inn

계: 33.7km

 **여행기**

　오늘은 빅토리아(Victoria) 시내 관광이다. 동양 미술과 근·현대의 캐나다 미술 작품이 전시되어 있는 그레이터 빅토리아 미술관을 관람하고, 돌로 화려하게 지은 크레이다로크 성, BC주의 주지사가 거주하고 있는 총독관저, 버컨 힐 파크, 캐나다의 대표적인 여류 화가 에밀리 카의 생가를 관람하고 저녁노을이 화려한 제임스 베이를 둘러보는 일정이다.

　빅토리아(Victoria)는 밴쿠버섬에서 가장 큰 도시이며 브리티시컬럼비아주의 주도(州都)이다. 영국 빅토리아 여왕의 이름을 따서 만든 도시로 영국의 색채가 짙으며 깨끗하고 아담해서 '정원의 도시(City of Gardens)'라고 부른다. 겨울이 짧고 기후가 온화하여 휴양지로 각광을 받고 있다.

　아침에 일어나니 날씨가 맑아 기분이 상쾌하다. 숙소를 출발하여 오전 10시 그레이터 빅토리아 미술관(The Art Gallery of Greater Victoria)에 도착하였다. 박물관 앞에는 큰 나무들이 우거져 있어 무척 시원해 보인다.

그레이터 빅토리아 미술관

그레이터 빅토리아 미술관에는 동양 미술과 근·현대 캐나다 미술 작품을 주로 전시하고 있으며 빅토리아 출신의 여류 화가 에밀리 카(Emily Carr, 1871~1945)의 작품도 전시되어 있다.

첫 번째 Graham Gallery에는 미국의 Tom Wesselann(1931~2004)의 발(Foot)을 그린 그림과 Kasamatsu Shiro(1898~1991)의 〈수확(Harvesting)〉이라는 농부가 추수하고 있는 그림이 전시되어 있다.

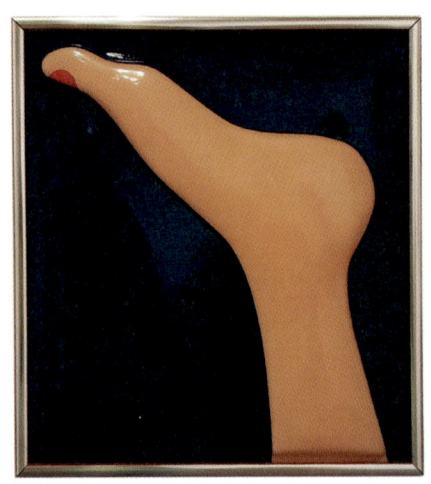

발(Foot)

수확(Harvesting)

두 번째 케르 갤러리(Ker Gallery)에는 군중이 집회하고 있는 사진과 자연을 찍은 사진이 전시되어 있다.

집회 장면

3관인 센테니얼 갤러리(Centennial Gallery)에는 자연을 찍은 사진이 전시되어 있고 4관인 화운더스 갤러리(Founders Gallery)에는 한쪽 면 전체에 나무 영상이 나오는데 바람이 움직이는 모습까지 나온다.

영상 작품

**에밀리 카의 작품**

폴라드 갤러리(Pollard Gallery)에는 에밀리 카(Emily Carr, 1871~1945)의 자연을 그린 작품이 전시되어 있는데 묵직한 느낌이 든다.

마지막 방을 나가니 넓은 공간에 커다란 종이 놓여 있고, 다양한 주택의 모습을 전시하고 있다. 훌륭한 작품은 많은데 관람객은 별로 없어 한산하다.

종과 주택 견본

미술관 관람을 마치고 조금 떨어진 곳에 있는 크레이다로크 성 (Craigdarroch Castle)을 관광하였다.

크레이다로크 성

크레이다로크 성은 19세기 말 스코틀랜드에서 건너온 로버트 던스뮤어(Robert Dunsmuir)가 아내를 위하여 지은 돌로 쌓은 커다란 성이다. 던스뮤어는 이 성이 완성되기 전에 사망하여 아내와 딸과 손자, 손녀들이 이 집에서 살았다고 한다.

화려하면서도 근엄한 외관과 내부 또한 화려하다. 39개의 방에는 고급스러운 가구와 생활 도구들이 그대로 보존되어 있는데 그 당시에도 상당히 호화로운 생활을 했던 것이 느껴진다.

200년이 되었다는 커다란 피아노도 전시되어 있다.

가구와 생활 도구

200년 된 피아노와 가구

2층에 있는 방에서는 성의 역사를 영상으로 설명하고 있으며, 4층을 지나 전망대로 올라가니 시내의 모습이 시원스럽게 한눈에 바라다보인다.

오후 1시경 총독관저 (Government House) 에 도착하였다. BC주의 첫 번째 총독 James Douglas(1803~1877) 의 동상이 세워져 있다.

James Douglas의 동상

총독관저는 BC주의 주지사가 거주하는 관저로 정원만 공개된다. 장미 정원에는 많은 장미가 심어져 있는데 꽃이 벌써 많이 져서 아쉽다. 장미 정원 앞 의자에서 장미를 바라보며 빵과 과일로 점심 식사를 하였다.

장미 정원

총독관저를 떠나 다운타운의 남쪽에 있는 버컨 힐 파크(Beacon Hill Park)에 도착하였다. 공원 입구에 있는 장미 공원 앞에는 무척 큰 나무들이 많이 우거져 시원하다. 관광용 마차가 관광객들을 싣고 공원을 오가고 있다.

관광용 마차

어린이들을 위한 동물 농장(Beacon Hill Children's Farm)이 만들어져 있다. 조랑말, 염소, 낙타, 당나귀 등을 키우고 있는데 어린이들이 만져 보며 동물들과 친숙해질 수 있도록 해 놓았다.

동물 농장의 동물

자연 속의 공작

아름다운 색조를 띤 공작이 사람을 두려워하지 않고 길옆으로 여유 있게 돌아다니는 모습이 한가로운 공원의 분위기를 느끼게 해 준다.

공원 안으로 더 들어가니 어린이 놀이터 옆에 분수대가 있는데 커다란 주전자 모양의 분수대에서 계속 물이 넘쳐 흐르고 있다.

주전자 모양의 분수대

토템 폴

어린이 놀이터에서 왼쪽 길로 조금 들어가니 캐나다에서 가장 큰 토템 폴이 세워져 있다. 이 토템 폴은 높이가 37m로 캐나다에서 가장 높다고 한다.

토템 폴에서 계속 직진해서 올라가니 버컨 힐 파크의 정상이다. 커다란 캐나다 국기가 휘날리고 있다. 오늘은 날씨가 맑아 바다 건너 미국 워싱턴주에 있는 올림픽 국립 공원(Olympic National Park)이 바라다보인다.

버컨 힐 파크 정상의 캐나다 국기

오후 3시경 에밀리 카의 생가(Emily Carr House)를 관람하였다. 에밀리 카는 캐나다의 대표적인 여류 화가다. 2층짜리 건물이 깨끗하게 단장되어 있고 앞마당에는 예쁜 꽃밭이 꾸며져 있다. 내부에는 그녀가 사용했던 생활 도구와 작품이 탄생하기까지의 배경이 소개되어 있다고 하는데 오늘은 휴무라 내부는 관람하지 못했다.

**에밀리 카 생가**

이너 하버 부근에 있는 배스천 스퀘어(Bastion Square)를 관광하였다. 배스천 스퀘어는 조그만 광장으로 광장 주변에 고풍스러운 건물들이 이어져 있고 꽃으로 예쁘게 단장된 카페에는 많은 사람들이 즐거운 시간을 보내고 있다.

큰길을 따라 북쪽으로 조금 올라가니 마켓 스퀘어(Bastion Square & Market Square)가 나온다. 마켓 스퀘어 안으로 들어가니 조그만 광장이 있고 광장 한쪽에 탁자들이 놓여 있으며 그 주변으로 가게들이 이어져 있다.

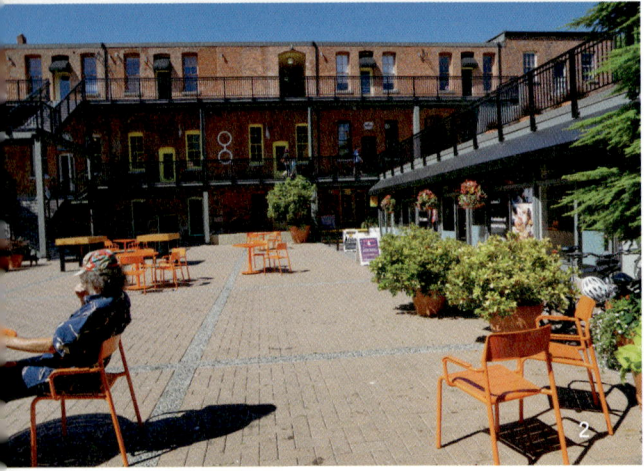

1  배스천 스퀘어의 카페
2  마켓 스퀘어

임프레스 호텔 앞을 지나 남서쪽 해변에 있는 제임스 베이(James Bay)로 향하였다. 도롯가에 있는 커다란 빌딩 1층에 미니어처 월드(Miniature World) 간판이 보인다. 이곳은 캐나다 역사에서 중요한 장면과 과거의 도시 모습을 아기자기하고 다양하게 재현해 놓은 곳이다.

미니어처 월드

10여 분 거리의 제임스 베이(James Bay)에 있는 Ogden point the Sundial에 도착하였다. 바다와 산을 볼 수 있는 전망이 좋은 곳으로 보드 워크의 끝에는 등대가 있어 사람들이 등대까지 산책을 하고 있다.

**바다 가운데로 이어진 보드 워크**

등대 주변에 쉼터 의자가 놓여 있고 바닷가로 내려가는 계단이 있어 시원한 바닷가로 산책을 할 수 있다. 몇 사람이 보트를 타고 시원한 바다를 즐기고 있는데 바람이 일어 보트가 물속에 빠질 것처럼 위태로워 보인다. 이곳은 저녁노을이 아름답다고 하는 곳인데 해 지는 시간이 늦어 노을을 보지 못해 아쉽다. 바닷바람이 시원하다.

# 빅토리아 Victoria
## 2018. 7. 24(화)

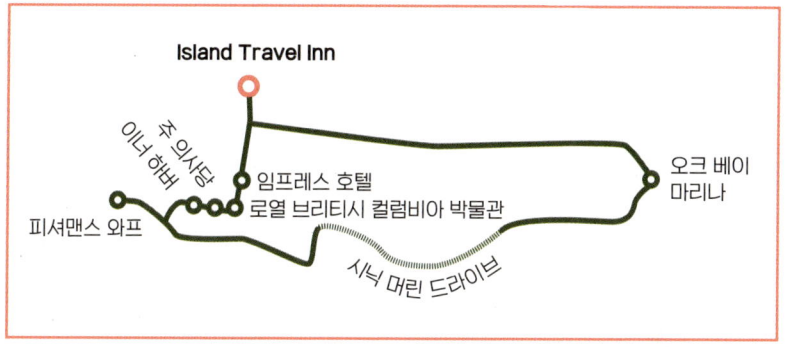

### 🚗 관광지별 이동 거리

Island Travel Inn(1.2km) ➡ 임프레스 호텔(0.2km)
➡ 로열 브리티시 컬럼비아 박물관(0.2km) ➡ 주 의사당(0.2km)
➡ 이너 하버(1.4km) ➡ 피셔맨스 와프(7.2km)
➡ 시닉 머린 드라이브(5.2km) ➡ Island Travel Inn

계: 15.6km

## 📖 여행기

오늘은 빅토리아에서 가장 오래되고 화려한 임프레스 호텔을 관광하고, BC주와 밴쿠버섬의 자연사와 문화에 관한 자료들을 전시하고 있는 로열 브리티시 컬럼비아 박물관, 빅토리아를 대표하는 건축물인 브리티시컬럼비아주 의사당, 빅토리아에서 가장 유명한 관광 명소인 아름다운 이너 하버 항구, 수상 가옥 마을 피셔맨스 와프를 관광하고, 해안가의 절경이 아름다운 시닉 머린 드라이브 길을 달리며 시원한 바다를 감상하는 일정이다.

아침 10시 반경 호텔을 출발하여 이너 하버 앞에 있는 임프레스 호텔(The Fairmont Empress Hotel)에 도착하였다.

임프레스 호텔

임프레스 호텔은 빅토리아에서 가장 오래된 호텔로 유명 건축가 프란시스 라텐베리(Francis Rattenbury)가 설계하여 1908년 완공된 영국풍 호텔이다.

건물의 외관이 화려하고 무척 장엄하다.

오전인데도 많은 사람들로 복잡하고 식당에도 사람들이 무척 많다. 로비 천장에는 특이한 조명등을 설치해 놓아 아름답다.

Victoria Comference Center에는 나무로 예쁘게 장식을 한 커다란 토템 폴이 세워져 있고 정원과 통로에도 많은 꽃들을 심어 놓아 무척 아름답다.

1 호텔 로비의 조명등
2 Victoria Comference Center의 토템 폴

꽃으로 단장된 통로

　호텔 내 통로 양쪽으로 상가에는 옥으로 만든 화려한 작품이 진열되어 있고 가방, 옷, 보석, 접시, 도자기들도 고급스럽게 진열되어 있다.

　임프레스 호텔을 둘러보고 서쪽 방향에 있는 도로를 건너 로열 브리티시 컬럼비아 박물관(Royal British Collumbia Museum)을 관람하였다.

로열 브리티시 컬럼비아 박물관

로열 브리티시 컬럼비아 박물관은 캐나다에서 손에 꼽히는 우수한 박물관으로 3개의 층에 BC주와 밴쿠버섬의 자연사와 문화에 관한 자료들이 전시되어 있다. 2층 자연사 전시실의 디오라마(Dourama)는 지역 자연사를 그대로 재현한 입체 모형의 전시실로 자연물의 모양과 소리, 냄새까지 전시하여 청각은 물론 후각까지 생생하게 느낄 수 있다.

현관에는 무척 큰 토템 폴이 세워져 있고 입장권 판매소에는 사람들이 길게 줄을 서 있다. 2층에 올라가니 이너 하버 항구가 시원스럽게 내려다보인다.

로비에 세워져 있는 토템 폴

## 이너 하버 항구

2층 자연사 전시실은 지역 자연사를 그대로 재현한 입체 모형의 전시실로 옛날 사람들의 생활 도구와 주거 시설을 재현해 놓았다.

옛날 사람들의 생활 도구

2층에 있는 특별 전시실에서 이집트전을 하고 있다. 이집트의 각종 생활 도구, 장신구와 미라 모형도 전시되어 있고 토기, 사람 모양의 작품 등 이집트 유물들이 많이 전시되어 있다.

1 옛날 사람들의 주거 시설
2 미라 모형
3 사람 모형의 작품

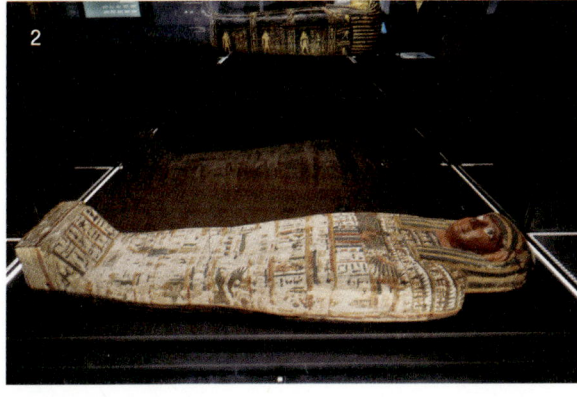

아름다운 자연을 표현한 커다란 작품에는 물개, 바다사자 등 동물들과 갈매기나 조개류의 모습까지 자연 그대로의 모습을 생생하게 표현해 놓았다.

자연을 표현한 작품

3층에는 원주민들의 문화와 풍습, 20세기 초 빅토리아의 모습을 주제로 전시해 놓았는데 주제도 다양하고 전시물도 무척 많아 옛 사람들의 생활상을 느껴 볼 수 있다. 3층에 있는 또 하나의 홀에서는 커다란 화면에 그 당시의 생활상을 설명하는 영상물이 상영되고 있다.

생활 도구

또 하나의 방은 거대한 토템들을 모아 놓은 전시실이다. 상당히 큰 통나무에 여러 가지 형상을 조각한 것도 있다.

디스커버리호를 재현해 놓은 전시실에는 침실 모습도 있고 사금을 정선하는 물레방아도 돌아가고 있으며 그 아래에 정선한 사금이 전시되어 있다.

여러 가지 모양의 토템

정선한 사금

옛날의 거리 모습, 상가, 호텔 등을 재현해 놓고 가재도구 등을 비치해 놓아 실제로 그 당시에 살던 모습을 보는 것과 같이 실감이 난다.

**디스커버리호에 있는 방의 가재도구**

박물관 관람을 마치고 밖으로 나가니 오후 1시. 박물관 뒤에 있는 공간에서 트럭 음식점들이 영업을 하고 있다. 여기서 햄버거로 점심 식사를 하였다. 젊은이들과 어울려 식사를 해 보니 이곳 생활에 많이 익숙해진 느낌이다.

**트럭 식당**

점심 식사를 마치고 다시 북쪽 방향으로 도로를 건너 주 의사당(Parliament Buildings)으로 갔다.

컬럼비아주 의사당은 1897년에 완공된 빅토리아를 대표하는 건축물로 당시 약관 25세의 건축가 Frances Matuson Rattenbury가 건물 설계 현상 공모에 당선되어 의사당 건물을 지었다고 한다. 3,330개의 작은 등이 건물의 윤곽을 따라 촘촘히 빛나고 있다. 의사당 건물이 개장했을 때부터 지금까지 빛나고 있는 그 아름다운 자태는 100년 가까이 빅토리아의 상징물이 되고 있다고 한다.

주 의사당 건물 지붕 꼭대기에는 황금빛의 천사가 국기를 들고 있고, 건물 앞에 넓게 펼쳐진 푸른 잔디밭에는 빅토리아 여왕의 동상이 우뚝 서 있다.

주 의사당

평화의 봉사상(In The Service of Peace)이 세워져 있는데 한국 전쟁(1950~1953)에 대한 기록도 있다.

주 의사당은 가이드 투어가 있는데 개인적으로도 들어갈 수 있다. 홀에는 아름답게 무늬가 새겨진 커다란 보트가 전시되어 있고 주 의회의 회의 장면이 담긴 사진과 역대 의장들의 사진이 걸려 있다.

평화의 봉사상

홀에 전시되어 있는 보트

벽과 천장에 있는 스테인드글라스가 무척 아름답다.

회의실에는 빨간 카펫을 깔아 놓았고 벽에도 아름답게 장식을 해 놓았다.

아름다운 스테인드글라스

주 의사당 회의실

거리를 질주하는 졸업 기념행사 차량

이너 하버 항과 거리의 화가

　주 의사당을 관람하고 정문으로 나가니 도로에 한 무리의 사람들이 특수하게 제작된 자동차를 타고 거리를 질주하고 있다. 학교 졸업 기념행사라고 한다.

　주 의사당 바로 앞에 이너 하버(Inner Harbor)가 있다. 이너 하버 지역은 빅토리아에서 가장 유명한 관광명소들인 임프레스 호텔과 로얄 브리티시컬럼비아 박물관, 주 의사당 등으로 둘러싸인 항구이다. 희귀한 토산품과 조각품을 파는 사람들이 자리 잡고 있고 거리의 화가는 열심히 그림을 그리고 있다. 항구에는 많은 배들이 정박해 있는데 마침 커다란 유람선이 한 척 들어오고 있다.

오후 2시 반경 피셔맨스 와프(Fiherman's wharf)에 도착하였다.

**피셔맨스 와프는 빅토리아 다운타운 서쪽에 위치한 수상 가옥 마을로 물 위에 둥둥 떠 있는 30여 채의 수상 가옥과 10여 개의 상점, 고기잡이배들과 요트들이 모여 있는 독특한 곳이다.**

수상 가옥들은 육상에 지어진 집들 못지않게 깨끗하게 단장되어 있고 수상 가옥 가운데로 길이 나 있어 관광객들은 이 길을 거닐며 관광을 하게 되어 있다. 관광객도 많고 음식점에는 식사를 하는 사람들이 많아 복잡하다.

피셔맨스 와프

피셔맨스 와프 관광을 마치고 시닉 머린 드라이브(Scenic Marine Drive) 길을 드라이브 하였다.

이 길은 밴쿠버섬 남단의 해변을 따라 이어지는 드라이브 코스로 피셔맨스 워프(Fisherman's Wharf)에서 시작하여 댈러스 로드(Dallas Road)와 비치 드라이브(Beach Drive)를 따라 고급 주택가 오크 베이(Oak Bay)까지 이어지는 해안가의 절경을 감상할 수 있는 드라이브 코스다.

도로에는 나무들이 우거지고 푸른 바다가 한없이 펼쳐져 시원한 모습이다. 오크 베이 주차장에 도착하니 레스토랑 OAK BAY MARINA 간판이 세워져 있고 캐나다 국기가 힘차게 휘날리고 있다.

레스토랑 간판과 캐나다 국기

비둘기

많은 비둘기들이 보인다. 과자 부스러기를 던져 주니 주변의 비둘기가 모두 몰려와 장관이다. 비둘기는 사람도 무서워하지 않고 사람의 손등에까지 앉는다.

저녁에는 주 의사당 주변의 야경을 관람하러 나갔다. 낮의 길이가 길어 저녁 9시 반경이 되어서야 어두워지기 시작한다. 오후 10시경 이너 하버에 도착하니 임프레스 호텔과 주 의사당 건물이 밝은 모습으로 보인다. 낮에 보았던 모습과 또 다른 아름다운 모습이다. 주 의사당 건물은 건물 외관에 전등을 달아 놓아 건물 전체가 찬란한 모습으로 아름답게 빛난다. 화려한 이너 하버 주변의 밤 풍경이 아름다운 추억으로 남을 것 같다.

주 의사당의 야경

임프레스 호텔의 야경

# DAY 08
## 던컨 Duncan
## 슈메이너스 Chemainus
## 나나이모 Nanaimo
### 2018. 7. 25(수)

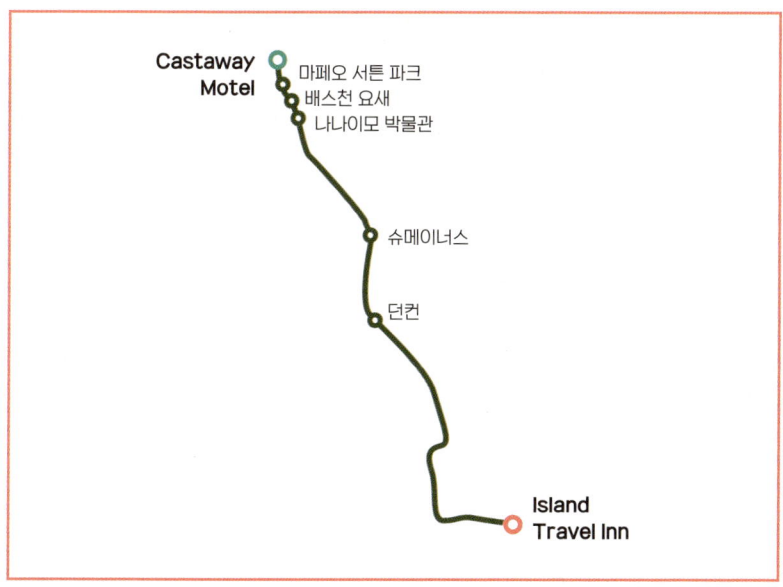

### 🚗 관광지별 이동 거리

Island Travel Inn(60.6km) ➡ 던컨(19.7km) ➡ 슈메이너스(32.7km) ➡ 나나이모 박물관(0.4km) ➡ 배스천 요새(0.7km) ➡ 마페오 서튼 파크(0.9km) ➡ Castaway Motel

계: 115.0km

## 📔 여행기

오늘은 빅토리아를 떠나 북쪽 지역으로 이동한다. 세계적인 토템 폴의 명승지인 던컨과 유명한 벽화 마을 슈메이너스를 관광하고 나나이모의 발전사를 정리해 놓은 나나이모 박물관, 원주민들로부터 개척자들을 보호하기 위하여 세운 배스천 요새를 둘러보는 일정이다.

아침에 일어나니 맑은 날씨라 기분이 상쾌하다. 호텔을 출발하여 북쪽으로 1시간 정도 이동하니 던컨(Duncan) 관광 안내소가 나온다.

**던컨(Duncan)**은 토템 폴(Totem Pole)이 80여 개나 서 있는 마을로 거주민의 반이 원주민으로 구성되어 있다. 1985년 원주민 문화를 복원하여 특색 있는 도시로 만들자는 시민들의 의견으로 곳곳에 토템 폴을 세우기 시작하였다고 한다.

기차역 옆에 있는 관광 안내소에는 조그만 박물관이 붙어 있는데 박물관에는 옛날 가정에서 사용하던 가재도구 등이 전시되어 있다. 이곳은 코위찬 스웨터가 유명한 곳이어서 관광 안내소에도 코위찬 스웨터가 진열되어 있다.

박물관 전시품

관광 안내소 주변에는 커다란 토템 폴이 여러 개 세워져 있고 이에 대한 안내판도 세워 놓았다.

토템 폴

관광 안내소에서부터 거리 바닥에 노란색의 발자국이 표시되어 있다. 발자국 모양을 따라가면 차례대로 토템 폴을 볼 수 있다.

노란색 발자국을 따라가니 아름답게 채색이 되어 있는 여러 가지 모양의 토템 폴이 세워져 있다. 마을을 한 바퀴 돌며 토템 폴을 관람하였다. 무척 다양한 모양의 토템 폴이 세워져 있어 커다란 야회 박물관 같다.

토템 폴을 안내하는 노란색 발자국

토템 폴 관광을 마치고 북쪽 방향으로 30여 분을 더 가니 슈메이너스(Chemainus)가 나온다.

이곳은 벽화(Mural)가 유명한 마을로 1982년부터 벽화가 그려지기 시작하여 현재는 42개의 벽화가 있으며 지금도 벽화가 그려지고 있다. 벽화는 대부분 19~20세기를 거치면서 변화해 온 슈메이너스의 역사와 이 지역에서 살았던 원주민들에 대한 내용이다.

관광 안내소 옆에 있는 작은 박물관에는 옛날 사람들이 사용하던 가재도구 등이 전시되어 있다.

토템 폴

박물관 전시품

관광 안내소 옆에는 캐나다의 자선 사업가 맥밀란(H.R. MacMillan, 1885~1967)의 동상이 세워져 있고 광장에는 모자, 기념품, 액세서리와 각종 의류를 판매하는 시장이 열리고 있다.

맥밀란

광장 앞 사거리 모퉁이에 커다란 그림이 그려져 있다. 물레방앗간을 그린 그림인데 실제로 물레방아가 돌아가고 있어 실감이 난다.

벽화가 그려져 있는 장소는 길바닥에 노란색 발바닥 무늬를 찍어 길을 안내하고 있으며 그림마다 그려진 연도순대로 번호가 적혀 있다. 그림의 크기도 다양하고 그림의 소재도 다양하다.

물레방앗간을 그린 그림

벽화 1

벽화 2

관광 안내소의 남쪽에 공연 예술 극장(Chemainus Theatre Festival)이 있고 조그만 연못이 있는 만남의 장소(Heritage Square)가 있다. 커다란 나무 등걸에 광장에 대한 글이 적혀 있고 '생각하고 있는 사람'의 작품이 놓여 있다.

마을을 한 바퀴 돌아보니 마을 곳곳에 아름다운 벽화가 그려져 있다.

벽화 3

만남의 장소

각종 기념품을 파는 상가와 음식점이 많으며 가옥들도 특징 있게 단장을 해 놓아 마을이 아름답고 관광객들도 많아 활기찬 모습이다.

아름답게 꾸며 놓은 상가

아름답게 단장을 한 가옥

다시 북쪽으로 30여 분을 더 달려 나나이모에 있는 나나이모 박물관(Nanaimo Museum)에 도착하였다. 나나이모의 발전사를 일목요연하게 정리해 놓은 박물관으로 박물관의 둥근 외벽에 나나니모의 역사를 담은 벽화가 그려져 있다.

나나이모 박물관

박물관은 주변에서 제일 높은 언덕 위에 위치하고 있어 나나이모 항구의 모습이 잘 내려다보인다. 배들이 항구에 질서정연하게 정박해 있다.

나나이모 항구

배스천 요새

오후 3시경 배스천 요새(Fort Bastion)에 도착하였다. 1853년 허드슨 베이(Hudson Bay)사가 원주민들로부터 개척자들을 보호하기 위하여 세운 것이다. 나무로 지은 3층으로 된 성곽 모양의 망대인데 좁은 계단으로 올라간다.

1층에는 옛날에 사용하던 농기구가 진열되어 있다. 2층에는 대포 1문이 배치되어 있고 그 둘레로 옛날의 역사에 대한 설명을 적은 안내서가 놓여 있다. 3층에는 옛날에 사용하던 도끼, 농기구, 접시, 장비 등이 진열되어 있다.

옛날에 사용하던 장비

배스천 요새에 올라가니 나나이모 항구가 내려다보인다. 요트가 많이 정박되어 있고 바다에서 요트를 타는 사람들의 모습에서 한가로움이 느껴진다.

**요트를 즐기는 사람들**

해안가에 있는 마페오 서튼 파크(Maffeo Sutton Park)에 잠깐 들려 보니 커다란 나무들이 숲을 이루고 있으나 사람들은 많지 않아 한가한 모습이다. 오늘은 자연 속에 만들어 놓은 좋은 예술 작품을 많이 관람한 하루였다.

# DAY 09

구스곶 Goose Spit
캠벨 리버 Cambell River
2018. 7. 26(목)

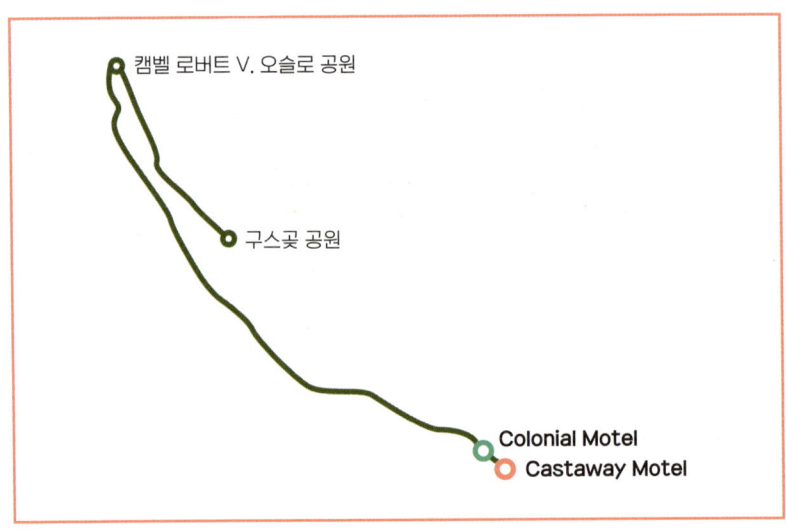

### 🚗 관광지별 이동 거리

Castaway Motel(116.0km) ➡ 구스곶 공원(53.0km)
➡ 캠벨 로버트 V. 오슬로 공원(157.0km) ➡ Colonial Motel

계: 326.0km

 **여행기**

  오늘은 커먹스 밸리에 있는 구스곶 공원을 둘러보고, 연어의 고장 캠벨 리버에서 낚시하는 사람들의 모습을 보며 즐기는 한가한 일정이다.

  오전 9시 모텔을 출발하여 북쪽으로 116km 지점에 있는 구스곶 공원(Goose Spit Park)에 도착하였다. 이곳은 커먹스 밸리(Comox Valley)에서 조지아 해협 쪽으로 툭 튀어나와 있는 곳으로 아름다운 백사장이 펼쳐져 있고 주변의 산악 지대와 바다의 절경을 동시에 감상할 수 있는 곳이다.

  19번 도로 인란드아일랜드하이웨이(Inland Island Hwy)를 달린다. 끝이 보이지 않을 정도로 쭉 뻗은 도로의 최고 속도가 120km까지로 표시되어 있다. 도로 주변에는 나무들이 울창하게 우거져 경치가 아름답다.

인란드아일랜드하이웨이

구스곶 공원 앞에 있는 백사장으로 들어가는 입구에는 모래의 유출을 방지하기 위하여 큰 통나무로 해변을 막아 놓았다.

모래 유출 방지용 나무목

모래톱

마침 썰물이 되어 바닷물이 빠지고 백사장이 넓게 드러났다. 물결치듯 펼쳐진 모래톱이 아름답다.

바위와 작은 돌 위에서 자라고 있는 해초의 모습이 마치 푸른 초원을 보는 것 같다. 푸른 바다가 넓게 펼쳐지고 산봉우리는 눈이 덮여 하얀 모습이다.

눈 덮인 산봉우리

구스곶 공원을 돌아보고 19번 도로 인란드아일랜드하이웨이를 따라 북쪽으로 60km를 더 달리니 캠벨 리버(Cambell River)가 나온다. 이곳은 연어의 고장(Salmon Capital of the World)으로 연어 낚시로 유명한 곳이다.

Cambell River 관광 안내소에 해안가 주변의 지도가 비치되어 있다. BC 페리 터미널 (BC Ferries Campbell River Terminal)에는 카페리에 자동차를 싣고 있고 부두에는 크고 작은 유람선과 조그만 요트들이 정박해 있다.

항구의 유람선

해변에 통나무에 얼굴을 새긴 〈Crying Feathers Elmer Gunderson〉라는 작품이 세워져 있다.

로버트 V. 오슬로 공원(ROBERT V. OSTLER PARK)에는 커다란 건축물이 세워져 있는데 통나무 기둥에는 토템을 새겨 놓았다. 나무 그늘에서 몇 사람이 한가로운 시간을 보내고 있는 오후다. 햇볕은 무척 강렬한데 그늘은 시원하다.

얼굴을 새긴 작품

토템이 새겨진 건축물

해안가를 따라 조금 내려가니 디스커버리 피싱 피어(Discovery Fishing Pier)가 나온다. 여기는 무료로 낚시를 할 수 있는 곳으로 바다 한가운데까지 나무로 보드 워크를 만들어 놓았다.

낚시터로 들어가는 보드 워크

보드 워크로 들어가는 입구에서 낚시로 연어를 잡아서 나오는 사람을 만났는데 무척 큰 연어를 낚아서 기분이 좋아 보인다.

낚시로 잡은 연어

바다 한가운데를 향해 무척 길게 만들어진 낚시터에는 많은 사람들이 낚싯대를 드리우고 있다. 아버지와 아들, 딸들이 같이 낚시를 하고 있는 모습도 보인다. 낚시터에는 휴게 의자도 많이 만들어 놓았고 낚시터 난간에는 낚싯대를 고정할 수 있는 구멍을 많이 만들어 놓았다. 한가롭게 낚시하는 사람들의 모습과 시원스럽게 흐르고 있는 푸른 물결을 바라보며 한가로운 시간을 보냈다.

낚시하는 사람

이제 밴쿠버섬에서의 일정을 모두 마쳤다. 내일 아침에는 밴쿠버로 돌아가는 카페리를 타게 된다.

# DAY 10 밴쿠버 북부 North Vancouver
## 2018. 7. 27(금)

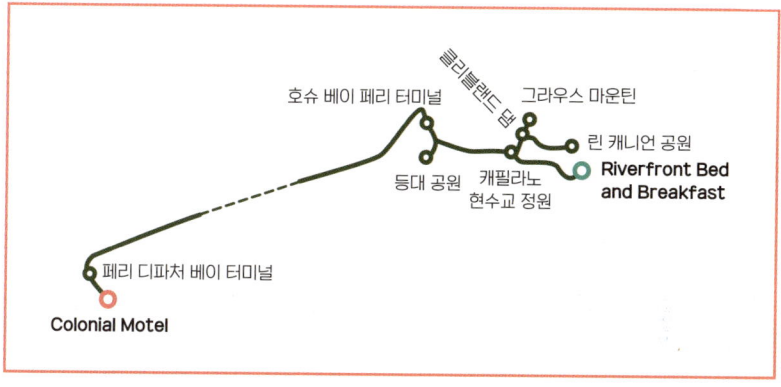

------ 점선으로 표시된 부분은 상대적으로 훨씬 긴 거리를 축소해서 간단히 그린 것

 **관광지별 이동 거리**

Colonial Motel(2.1km) ➡ 페리 디파처 베이 터미널(57.5km)
➡ 호슈 베이 페리 터미널(16.2km) ➡ 캐필라노 현수교 정원(2.1km)
➡ 클리블랜드 댐(7.7km) ➡ 린 캐니언 공원(9.1km)
➡ 그라우스 마운틴(18.3km) ➡ 등대 공원(24.0km)
➡ Riverfront Bed and Breakfast

계: 137.0km

 **여행기**

오늘은 밴쿠버섬을 떠나는 날이다. 카페리를 타고 밴쿠버 북부 지역으로 이동하여 캐필라노 현수교 정원과 미국의 SF 드라마 〈X-파일〉의 한 장면을 찍은 클리블랜드 댐을 관광하고, 울창한 나무가 우거져 있는 캐니언 공원, 해안가에 있는 아름다운 등대 공원을 둘러보는 일정이다.

오전 7시 50분 모텔을 출발하여 5분 정도 떨어져 있는 페리 디파처 베이 터미널(BC Ferries Departure Bay Terminal)에 도착하였다. 벌써 많은 자동차들이 카페리를 타려고 줄을 서 있다.

페리 디파처 베이 터미널

오전 8시 50분 카페리는 나나이모의 디파처 베이를 출발하였다. 아침 이른 시간이라 승객들은 많지 않다. 카페리가 디파처 베이를 출발한 지 1시간 정도 지나니 보웬 아일랜드(Bowen Island)가 보이기 시작한다. 보웬 아일랜드 언덕 숲속에 조그만 집들이 잠깐씩 보이고 호슈 베이 페리 터미널에 가까워지면서 언덕 위에 아름답게 단장된 집들이 보인다.

숲속에 있는 아름다운 주택

　카페리는 1시간 반 정도 걸려 밴쿠버의 북쪽에 있는 호슈 베이 페리 터미널(Horseshoe Bay Ferry Terminal)에 도착하였다. 밴쿠버섬의 나나이모로 들어가려고 줄을 서 있는 차량들의 꼬리가 길게 이어져 있다.

　호슈 베이 페리 터미널에서 마린 드라이브(Marine Dr)를 따라가다가 캐필라노강(Capilano River)을 지나고 나서 캐필라노 로드(Capilano Rr)를 따라 들어갔다. 왼편에 울창한 숲과 캐필라노 계곡(Capilano Canyon)이 펼쳐진다.

울창한 숲과 캐필라노 계곡

**현수교 정원의 역사와 관련된 자료들**

12시 반경 캐필라노 현수교 정원(Capilano Suspension Bridge Park)에 도착하였다. 관광객이 무척 많아 주차장은 만원이고 입장권 매표소 앞에는 많은 사람들이 줄을 서 있다. 정원 입구로 들어가니 이 현수교 정원의 역사와 관련된 자료들이 전시되어 있다.

조금 더 안으로 들어가니 통나무집과 아담하게 꾸며진 정원 한쪽에 눈을 부릅뜬 커다란 토템 폴 4개가 서 있다.

**토템 폴**

조금 더 들어가니 깎아지른 절벽 사이로 캐필라노 현수교가 아슬아슬하게 걸쳐 있다. 길이 136m, 높이 70m의 현수교는 두 줄 와이어에 걸려 있는 출렁다리로 다리 아래로는 계곡물이 시원하게 흐른다. 관광객이 무척 많아 다리 위에는 오가는 사람들로 정체된다.

현수교

숲길

시원한 계곡을 바라보며 아찔한 현수교를 지나고 나니 각종 곤충과 식물에 관한 자료를 전시해 놓았고 울창한 나무 사이로 숲길이 만들어져 있다. 숲길은 총 세 코스인데 한 코스는 거대한 나무 위로 출렁다리를 만들어 놓았고 두 개 코스는 숲길을 따라 조성되어 있다.

공중 산책길

공중 산책길

    Nature's adge Walk와 Treetops Adventure 코스로 연결되어 있는 공중 산책길을 걸었다.

전나무

숲 사이로 만들어져 있는 산책길도 산책하였다. 커다란 나무가 빽빽하게 들어차 있는 산책길은 정말 환상적으로 아름답다. 커다란 전나무(Douglas-Fir)에 크기가 표시되어 있는데 수령 400~800년, 높이 63m, 둘레 6.7m라고 적혀 있다.

조그만 연못 주위로도 보드 워크를 만들어 놓았다. 한편에서는 훈련된 부엉이가 여러 가지 묘기를 보여 주고 있다.

공원에 아름드리나무들이 꽉 들어차 있는데 쭉쭉 뻗은 나무의 끝이 보이지 않을 정도로 씩씩하게 잘 자라고 있어 너무나 감탄스럽다. 정원을 한 바퀴 산책하고 다시 현수교를 건너갔다.

부엉이

공중 산책길 클리프 워크(Cliff Walk)로 접어들었다. 깎아지른 절벽에 쇠말뚝을 박고 나무의 높이 90cm, 폭 50cm에 설치해 놓은 공중 산책길로 이곳에서 최고로 인기 있는 곳이다. 폭포와 나무들이 우거진 계곡의 모습이 아름답다.

공중 산책길 클리프 워크

나무들이 우거진 계곡

공중 산책길을 돌아 나가니 Cliff House Restaurant과 기념품 가게가 있다. 식당에는 많은 사람들이 앉아 음료수를 마시고 있고 식당 앞에 있는 무대에서는 세 사람이 즐거운 음악을 연주하며 노래를 부르고 있다.

악단의 연주 모습

정원의 지도가 그려진 6개의 번호마다 스탬프를 모두 찍으면 기념품을 준다고 하여 정원의 정해진 곳에 있는 스탬프 6개를 모두 찍었다. 안내소에 가니 정원을 모두 관람하였다는 취지가 적힌 확인서를 기념품으로 준다. 오늘 날짜 2018년 7월 27일이 찍혀 있는 종이다. 정원을 두루두루 관람하게 유도하는 아이디어가 그런대로 멋이 있어 보인다.

정원 일주 기념품

클리블랜드 댐

    정원 관광을 마치고 부근에 있는 클리블랜드 댐(Cleveland Dam)에 올라갔다. 이 댐은 길이가 5.6km이며 미국의 SF 드라마 〈X-파일〉의 한 장면을 찍은 곳이다. 넓은 호수가 시원스럽게 펼쳐지고 나무그늘에서 몇 가족이 휴식을 취하고 있다. 넓은 클리블랜드 시내와 눈이 쌓인 흰 산봉우리가 보인다.

    오후 4시경 린 캐니언 공원(Lynn Canyon Park)에 도착하였다. 쭉쭉 뻗은 울창한 나무 숲속에 매점과 관광 안내소가 있다.

캐니언 공원 입구

공원 안으로 조금 들어가니 현수교가 보이는데 이 현수교는 높이 50m, 길이 48m라고 한다. 다리 아래로는 계곡에서 떨어지는 쌍둥이 폭포가 시원하게 보이고 빼곡하게 들어찬 나무들과 다리 아래로 흐르는 맑은 계곡, 모두가 아름다운 자연의 모습이다.

나무를 깔아 만들어 놓은 산책길을 따라 공원을 한 바퀴 돌았다. 계곡 아래에는 젊은 남녀 몇 사람이 다이빙을 하며 물놀이를 하고 있다.

현수교

계곡에서 물놀이하는 사람들

오후 6시경 그라우스 마운틴(Grouse Mountain)에 도착하였다. 이곳은 해발 1,200m의 산으로 스키, 하이킹과 침엽수림이 울창하게 우거진 아름다운 산 정상에서 밴쿠버의 전경을 감상할 수 있는 곳이다.

50인승 케이블카를 타고 산 정상에 올라갔다. 밴쿠버 시내가 한눈에 보이고 조금 전 들렸던 클리블랜드 댐(Cleveland Dam)이 시원하게 내려다 보인다.

케이블 카

정상은 평평한 대지가 넓게 펼쳐져 있고 산 둘레로 산책로가 만들어져 있다. 산책로에는 나무로 사람의 모습 등을 조각해 놓았다. 무척 큰 조각품을 보면서 조각품의 재료가 된 나무가 얼마나 큰 나무였을까 하고 상상해 보았다.

조각 작품 1

조각 작품 2

산 정상에 있는 식당에서 저녁 식사를 하였다. 며칠간 숙식을 제공하며 환대를 해 주신 황 사장 부부께서 저녁 식사에 초대를 해 주신 것이다. 식당은 오래 전에 예약을 하여야 할 정도로 인기가 많은 식당으로 사람들이 만원이다. 음식도 무척 정갈하고 맛이 있는데 주변의 시원한 경치를 보면서 식사를 하니 더욱 즐거운 식사 시간이었다.

맛있는 식사

식사를 마치고 산을 내려가니 황 사장 부부께서 남은 긴 여행 동안 필요할 것이라고 하면서 햇반과 반찬을 한아름 준비해서 주신다. 두 분의 큰 배려에 너무나 감사한 마음이다.

식사 후 등대 공원(Lighthouse Park)을 관람하였다. 이 공원은 라이온스 게이트 다리의 서쪽으로 이어진 머린 드라이브를 따라 약 10km 지점에 있는 공원으로 울창한 산림 속을 통해서 들어가는 바닷가에 등대가 있다. 저물어 가는 저녁의 분위기와 어울린 등대의 모습이 무척 아름답다.

등대

# 밴쿠버 동부 East Vancouver
## 2018. 7. 28(토)

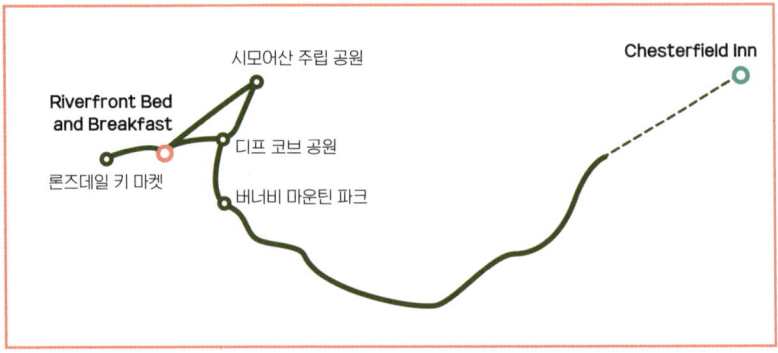

------ 점선으로 표시된 부분은 상대적으로 훨씬 긴 거리를 축소해서 간단히 그린 것

## 🚗 관광지별 이동 거리

Riverfront Bed and Breakfast(7.1km) ➡ 론즈데일 키 마켓(21.1km)
➡ 시모어산 주립 공원(14.4km) ➡ 디프 코브 공원(19.2km)
➡ 버나비 마운틴 파크(380.2km) ➡ Chesterfield Inn

계: 442.0km

## 📔 여행기

아침에 일어나니 화창하게 맑은 날씨다. 숙소 뒤에는 넓은 잔디밭이 있고 그 너머 개울에는 물이 제법 흐른다. 개울가로 나가 물에 손을 담그니 시원한 느낌이 온몸에 전해 온다. 하늘을 찌를 듯 솟아 있는 나무숲, 파란 하늘이 높게 보이고 주변에 사람들 소리조차 없어 조용한 아침이다.

개울

오전 8시에 베란다에 앉아 주인장이 정성껏 준비해 준 아침 식사를 하였다. 모닝 커피 1잔, 과일 1접시, 둥그런 와플 2개, 계란 부침 1개. 이렇게 따뜻한 음식을 준비해 주어서 기분 좋은 아침 식사를 할 수 있었다.

아침 식사

오늘은 밴쿠버 다운타운이 마주 보이는 해변에 위치한 론즈데일 키 마켓을 둘러보고 나무가 울창하게 우거진 시모어산 리조트를 구경한다. 해발 370m의 산에 만들어진 버나비 마운틴 파크를 보고 380km를 달려 킬로나로 이동하는 일정이다.

숙소를 출발하여 오전 10시경 론즈데일 키 마켓(Lonsdale Quay Market)에 도착하였다. 론즈데일 퀘이 스테이션(Lonsdale Quay Station) 옆에 있는, 1986년에 문을 연 쇼핑센터 겸 음식점 단지다. 1층에는 음식점과 식품점이 있으며 한국 음식점도 있다. 2층에는 기념품과 의류점, 3층은 호텔이다.

론즈데일 키 마켓

건물 밖 테라스에서 바다 건너 밴쿠버의 모습이 가까이 보인다. 밴쿠버 다운타운에서 비행 시뮬레이션을 보았던 플라이오버와 황홀한 야경을 보았던 하버 센터 타워가 한눈에 보인다. 론즈데일 퀘이 스테이션(Lonsdale Quay Station)에는 큰 유람선 2척이 정박해 있고, 선창가에는 관광객들이 걸어 놓은 사랑의 열쇠들이 많이 걸려 있다.

밴쿠버 다운타운과 사랑의 열쇄

마켓을 한 바퀴 돌아보고 나오는데 도로에서 거리 공연이 펼쳐진다. 트럭에 탄 악단이 트럼펫과 기타와 북을 두드리며 음악을 연주하고 그 뒤를 이어 아름답게 단장을 한 무희들이 춤을 추며 따라간다. 경찰차량이 넓은 도로의 차량을 완전히 차단하고 거리 공연을 지원하고 있다. 시간이 잘 맞아 좋은 거리 공연을 보게 된 것이다.

거리 공연

거리 공연을 보고 시모어산 주립 공원(Mount Seymour Provincial Park)에 올라갔다. 나무가 울창한데 빼곡하게 들어찬 거대한 나무들의 평균 수명이 무려 2,000년이 넘는다고 한다. 시모어산 리조트(Mt Seymour Resort)까지 올라가는 도로는 나무가 울창하게 우거져 참으로 아름답다.

리조트까지 이어지는 코스에서 마라톤 대회가 열리고 있어 많은 사람들이 리조트를 향하여 달리고 있다. 햇살이 무척 따갑게 비추는데 언덕을 뛰어 올라가는 모습이 힘들어 보인다.

시모어산 리조트 올라가는 도로

리조트에 올라가니 시모어산 정상(해발 1,453m)까지 올라가는 리프트가 설치되어 있는데 스키 시즌이 아니라 리프트가 운행되지 않는다. 산속에 만들어진 산책로를 따라 많은 사람들이 산책을 하고 있다.

시모어산 산책로

시모어산을 내려가서 14km 정도 떨어진 해안에 있는 디프 코브 공원(Deep cove Park)에 도착하였다. 푸른 하늘과 울창한 나무와 요트만이 가득한 아름다운 곳으로 Parkside Beach 앞으로 시원한 바다가 펼쳐진다. 많은 사람들이 요트를 타려고 옷을 갈아입고, 해변에는 가족 나들이 나온 사람들로 만원이다.

Parkside Beach

오후 1시경 버나비 마운틴 파크(Burnaby Mountain Park)에 도착하였다. 이 공원은 해발 370m의 버나비 산에 만들어진 공원이다. 버나비에 대한 안내 표지판 뒤로 캐나다 국기가 펄럭이고 있다.

버나비 마운틴 파크

호라이즌 레스토랑(Horizons Restaurant) 앞에서 결혼식을 한 가족들이 기념 촬영을 하고 있다. 언덕에는 항구가 시원스럽게 내려다보이고 아름다운 두 마리의 새 조형물이 자리하고 있다.

새 조형물

언덕 아래에 일본의 자매도시와 수교 50년(1965~2015년)을 기념해서 만든 카무이 민트라 플레이그라운드 가츠(Kamui Mintara Playground of the Gods)가 있다. 큰 통나무로 조형물을 만들어 놓았는데 위에는 곰 모양의 짐승과 올빼미 모양의 짐승이 한 마리씩 앉아 있다.

카무이 민트라 플레이 그라운드 가츠

나무 숲속을 지나 산 정상으로 향하였다. 어린이 놀이 시설이 만들어져 있고 4명이 탈 수 있게 만들어진 둥근 의자 그네에서 젊은 남녀 4명이 함께 그네를 타고 있다. 정상에서는 시원한 바다가 아름답게 내려다보인다.

정상에서 내려다본 시원한 바다

공원 의자에 앉아 도시락으로 점심 식사를 하고 킬로나(Kelowna)를 향하여 출발하였다. 고속도로로 접어드니 자동차의 행렬이 좀 한산하여진다. 홀가분한 마음으로 고속도로를 달린다. 1번 도로 트랜스캐나다하이웨이(Trans Canada Hwy)와 5번 도로 코퀴할라하이웨이(Coqulhalla Hwy)를 따라 킬로나까지 380km가 넘는 길이다.

고속도로를 달리다 보니 다음 주유소까지 가는데 휘발유가 모자랄 것 같다. 내비게이션에 표시되는 주유소까지의 거리를 보니 역시나 다음 주유소까지 가기에는 휘발유가 모자랄 것 같다. 휴게소조차 보이지 않고 오직 산과 들판만 보인다. 마을이 언제 나타날지도 알 수 없어 휘발유의 남은 양만 보며 운전하려니 마음이 조마조마하다. 결국 중간에 Merritt라는 마을로 나가 휘발유를 넣고 나니 마음이 가볍다. 캐나다는 땅이 넓어 자동차에 주유하는 데 많은 신경을 써야 하는 것을 절감하였다.

오후 6시 20분경 킬로나에 접어드니 자동차의 행렬이 많아지고 오카나간호(Okanagan Lake)의 시원한 물줄기가 내려다보인다. 오카나간호(Okanagan Lake)를 건너는 윌리엄 R. 베넷 브릿지(William Bennet Bridge)의 모습이 아름답다.

윌리엄 R. 베넷 브릿지

킬로나(Kelowna)는 1859년경 찰스 팬더시 신부가 설립한 선교지를 중심으로 발전하였으며, 신부가 이끄는 동정녀 마리아 수도회에서 사과나무를 심어 사과 산업의 기반을 다져 놓았다. 이곳은 현재 캐나다에서 가장 큰 과일 재배 지역인데 킬로나라는 이름은 '회색의 큰 곰'을 뜻하는 인디언어가 와전되어 붙여진 것이라고 한다.

# DAY 12 킬로나 Kelowna
2018. 7. 29(일)

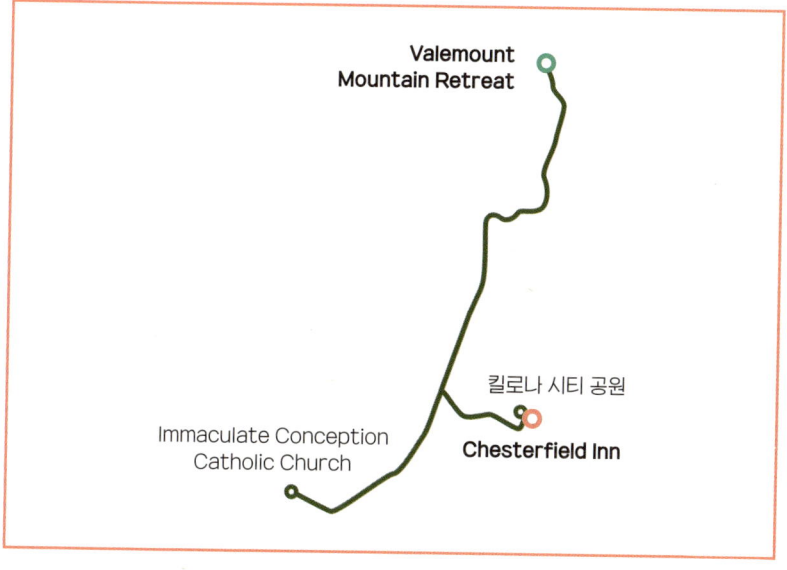

### 🚗 관광지별 이동 거리

Chesterfield Inn(0.9km)
➡ Immaculate Conception Catholic Church(1.7km)
➡ 킬로나 시티 공원(504.4km) ➡ Valemount Mountain Retreat

계: 507.0km

🔖 **여행기**

오늘은 오카나간 호수 주변과 킬로나 시티 공원을 둘러보고, 504km를 달려 롭슨산 주립 공원으로 이동하는 일정이다.

아침에 Chesterfield Inn을 출발하여 Immaculate Conception Catholic Church에 가서 미사 참례를 하였다. 숙소 부근에 있는 성당인데 성당이 무척 크고 신자들도 많이 보인다.

성당에서 미사를 마치고 오카나간 호수(Lake Okanagan)를 둘러보았다. 휴양 도시답게 호숫가를 공원으로 조성하여 다양한 문화 시설을 구비해 놓았다. 호숫가에 있는 킬로나 시청 주변에 꽃들을 예쁘게 심어 놓아 아름답다.

시티 홀

오카나간 호수

오카나간 호수에는 수많은 유람선과 보트들이 빽빽이 들어차 있고 제트스키 등 다양한 뱃놀이 시설이 있다. 주말 나들이를 나온 가족들로 만원이다.

호수 앞에는 킬로나 시티의 기념물로 보트 모양의 조형물이 세워져 있고 조형물 옆에 분수가 나오고 있다.

보트 모양의 조형물

호숫가를 따라 만들어진 산책로를 따라가니 킬로나 시티 공원이 나온다. 킬로나 시티 공원(Kelowna City Park)은 아름드리나무 아래 잔디가 잘 가꾸어져 있어 사람들이 잔디밭에서 휴식을 취하고 있다.

킬로나 시티 공원

시티 공원 한 가운데에 전적비가 세워져 있다. 전적비 뒷면에는 제1차 세계 대전과 제2차 세계 대전 참전에 대한 기록이 적혀 있는데 1950년부터 1953년까지 한국전쟁에 참여했던 기록이 큰 글씨로 새겨져 있다.

전적비

오전 11시 30분경 호수 공원을 출발하였다. 재스퍼 국립 공원 옆에 있는 롭슨산 주립 공원(Mount Robson Provincial Park)까지 500km가 넘는 거리다.

5번 도로 코퀴할라하이웨이(Coqulhalla Hwy)를 달린다. 푸른 초원이 나타나고 푸른 초원에는 물을 뿌리는 기계가 길게 이어진 모습이 보인다.

푸른 초원

조그만 도시들을 거쳐 가기는 하지만 휴게소 하나도 없다. 중간에 있는 주유소에서 주유를 한 번 하고 계속 달려 6시간 만에 숙박지에 도착하였다. 주변에 울창한 나무들이 우거진 곳에 민박집 한 채가 약간 높은 언덕에 지어져 있어 시원하고 멀리 롭슨산의 하얀 산봉우리가 보여 정취가 느껴진다.

Valemount Mountain Retreat

# 롭슨산 주립 공원
## Mount Robson Provincial Park
### 2018. 7. 30(월)

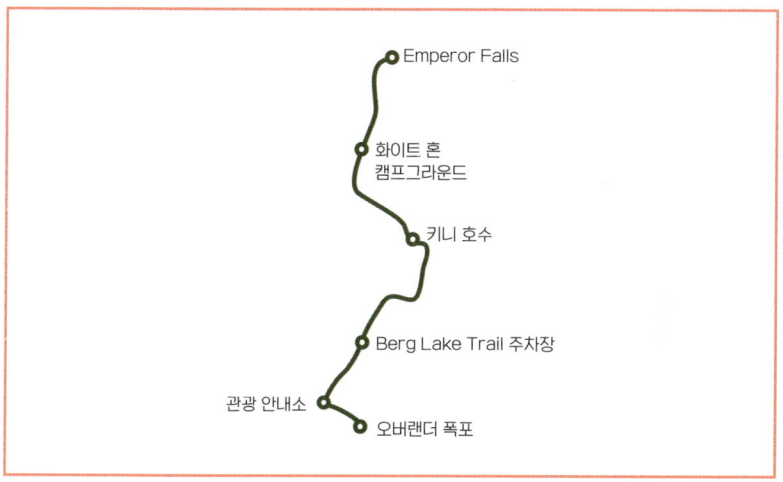

 **관광지별 이동 거리**

Valemount Mountain Retreat(20.1km) ➡ 관광 안내소(1.7km)

➡ 오버랜더 폭포(1.7km) ➡ 관광 안내소(3.3km)

➡ Berg Lake Trail 주차장(4.5km) ➡ 키니 호수(4.0km)

➡ 화이트 혼 캠프그라운드(4.1km) ➡ Emperor Falls(12.6km)

➡ Berg Lake Trail 주차장(3.3km) ➡ 관광 안내소(20.1km)

➡ Valemount Mountain Retreat

계: 75.4km

 **여행기**

오늘은 캐나디안 로키(Canadian Rockies)의 최고봉 롭슨산을 산행하며 롭슨산에 묻혀 있는 아름다운 키니 호수와 화이트 폭포, 풀 폭포, 임페리어 폭포의 위용을 보는 일정이다.

숙소를 출발하여 Yellowhead Hwy를 따라 롭슨산 주립 공원의 서쪽 정문에 도착하니 MOUNT ROBSON PARK라고 새겨진 표지석 위에 백곰 한 마리가 세워져 있다. 멀리 하얀 눈이 덮인 롭슨산의 봉우리가 웅장하게 보인다.

롭슨산 서쪽 정문

관광 안내소

오전 8시 40분경 롭슨산 주립 공원 관광 안내소에 도착하였다. 관광 안내소 건물이 웅장하게 지어져 있다. 여기는 롭슨산 여행의 중심으로 산책로에 대한 다양한 정보를 구할 수 있다.

롭슨산(Mount Robson)은 롭슨산 주립 공원 안에 있는 해발 3,954m 캐나다 로키의 최고봉이다. 온통 암석으로 이루어진 산의 표면은 깎여 나간 지층이 그대로 드러나 있는데 이를 두고 원주민들은 '나선형 길이 나 있다'는 뜻의 유라이하스쿤(Yuh-Lai-Has-Kun)이라고 불렀다고 한다.

로키 산은 브리티시컬럼비아주와 앨버타주의 중간에 걸쳐 있어 여기와 롭슨산은 1시간의 시차가 있다. 공원 안내소 벽에 시계 세 개가 걸려 있는데 Local Time 8시 48분, Mountain Time 9시 46분을 가리키고 있다.

**시차를 안내하고 있는 시계**

관광 안내소 옆에 주변의 높은 산에 대한 안내 표시판이 세워져 있다. Mount Ropson 3,954m라고 적힌 표시판이 롭슨산을 가리키고 있다. 나무숲 뒤로 하얀 산봉우리의 롭슨산이 웅장하게 다가온다.

안내 표시판

롭슨산

캐나다 횡단 79일
*Canada*

179

# 오버랜더 폭포

관광 안내소에서 Yellowhead Hwy를 따라 재스퍼 방향으로 5분 정도 가니 오버랜더 폭포(Overlander Falls) 입구가 나온다. 오른쪽 숲속 길을 따라 내려가니 프레이저강(Fraser River)에 걸쳐 있는 오버랜더 폭포의 웅장한 물줄기가 시원스럽게 쏟아진다.

오버랜더 폭포를 관광하고 다시 관광 안내소로 돌아가서 관광 안내소 왼쪽 길로 들어가니 Berg Lake Trail 주차장이 나온다. 여기서부터 도보길인데 키니 호수에서 흘러내려오는 강물 위에 있는 다리를 건너고, 세찬 물줄기를 따라 이어지는 키니 레이크 로드(Kinney Lake Rd)와 버그 레이크 트레일헤드(Berg Lake Trailhead)를 따라 들어간다. 하늘로 쭉쭉 뻗은 아름드리나무들이 우거지고 엄청난 양의 계곡물이 흐르고 있어 정말 아름다운 도보길이다.

키니 호수로 들어가는 산책로

키니 호수 입구에 있는 다리에서는 키니 호수와 웅장하게 버티고 있는 롭슨산이 어울려 무척 아름답게 보인다. 푸른 물이 담긴 키니 호수(Kinney Lake)에 롭슨산의 반영이 비쳐 두 개의 산을 보는 것과 같다.

키니 호수에 비친 롭슨산

키니 호수 앞에서 도시락으로 점심 식사를 하였다. 잔잔한 호수를 바라보며 식사를 하니 소풍을 나온 기분이다.

점심 식사를 마치고 Berg Lake Trail을 따라 북쪽으로 이어진 계곡을 올라갔다. 이 계곡은 롭슨산의 거대한 산봉우리를 오른편에 두고 휘돌아 나가며 중간중간에 폭포가 떨어져 내려 폭포 계곡(Falls Canyon)이라고도 부른다.

갑자기 비가 쏟아진다. 날씨가 좋아 우산을 준비하지 않았는데 비가 쏟아지니 난감하다. 우거진 나무 아래에서 쉬어 가며 비를 피했다. 한 무리의 등산객이 우산을 쓰고 지나간다. 산에서는 일기가 갑자기 변하는 경우가 많은데 산행 준비가 소홀했다는 생각이 든다. 다행히 내리는 비는 오래가지 않았다.

Kinney Lake Campground

아름다운 산책길을 따라 1시간 정도 올라가니 Kinney Lake Campground가 나온다. 커다란 통나무로 만든 휴게소가 만들어져 있고 주변에 많은 텐트들이 보인다. 옆에는 빙하가 녹아 흘러 내려오는 물줄기가 시원스럽게 흐른다.

급경사로 바뀐 산길

산길을 계속 올라간다. 나무로 만든 다리를 지나고 조금 더 올라가니 산길이 급경사로 바뀌어 산 정상을 향하여 올라간다.

철다리를 지나 40분 정도 올라가니 계곡을 건너는 출렁다리가 나온다. 출렁다리를 지나니 Whitehorn Camp Ground가 나오고 멀리 가느다란 폭포의 모습이 아름답게 보인다. 산에서는 눈 녹은 물이 흘러내려 거대한 폭포를 형성하고, 이 물이 흐르고 있는 강변에는 산행을 하는 사람들이 쉬고 있다.

출렁다리

화이트 폭포

강변에서 잠깐 휴식을 하고 출발하여 30여 분을 올라가니 화이트 폭포(White Falls)의 웅장한 모습이 보인다. 바위산에서 많은 물이 흘러내리는 것이 신기하다.

산길은 경사가 더 심해진다. 햇살은 쨍쨍 내리쪼이고 경사가 심한 오르막길이 이어져 땀도 많이 나고 힘도 많이 든다. 산행을 하는 사람들은 전혀 보이지 않아 홀로 산행을 하는 것 같다. 30여 분을 더 올라가니 풀 폭포(Falls of the Pool)가 나오는데 화이트 폭포보다 더 웅장해 보인다.

풀 폭포

또다시 25분을 올라가니 Emperor Falls의 모습이 나타난다. 바위틈에서 쏟아지는 흰 물살이 무척 거세다.

Emperor Falls

롭슨산 정상이 바로 앞에 보이듯 다가서는데 온통 바위로 뒤덮인 산의 모습이 무척 웅장하다.
여기서 2km 정도 더 올라가면 Berg Lake의 웅장한 모습을 볼 수가 있는데 시간이 모자라서 더 이상 진행하기는 어렵다. 아쉬움을 남기고 하산을 서둘렀다.

날씨가 무척 더워 물을 계속 먹게 되니 가지고 간 생수가 모자랐다. 물이 없으니 목이 말라 더욱 힘이 드는 것 같다. 산에 올라갈 때는 앞만 보고 가서 느끼지 못했는데 내려오려니 무척 많이 올라간 것 같다. 지루하고 힘든 내리막길이었다.
오후 7시 반경 Berg Lake Trail 주차장에 도착하였다. 왕복 25km 정도를 걸어 9시간 반을 산행한 것이다. 무척 힘든 하루였다.

## 나. 캐나디안 로키Canadian Rockies, 앨버타Alberta주

캐나디안 로키(Canadian Rockies)는 캐나다 남서부와 로키산맥 주변을 말하는 것으로 캐나다의 볼거리 중 단연 으뜸이며 숨 막히게 아름다운 자연이 어떤 것인지를 확실히 느낄 수 있는 곳이다. 여행하기 좋은 달은 쾌적한 날씨가 계속되는 7~9월이나 밤에는 다소 쌀쌀한 느낌이 든다.

**캐나디안 로키는 총연장 1,600km, 너비 40~80km로 브리티시컬럼비아주와 앨버타주의 경계를 이루며 서쪽으로는 캐나디안 로키산맥의 앞쪽 능선이 컬럼비아산맥과 경계가 된다. 해발 3,350m를 넘는 봉우리가 50개 정도이며, 가장 높은 산은 브리티시컬럼비아주의 롭슨산(Mount Robson, 해발 3,954m)이다. 그 밖에 어시니보인산(Mt. Assiniboine), 컬럼비아산(Mt. Columbia, 해발 3,750m, 앨버타주의 최고봉), 포브스산(Mt. Forbes)이 있다.**

캐나디안 로키에는 재스퍼(Jasper), 밴프(Banff), 요호(Yoho), 쿠트니(Kootenay) 등 4개 국립 공원이 있고 그 곁에 레벨스톡(Revelstoke), 글레이셔(Glacier) 국립 공원, 롭슨(Robson) 주립 공원이 붙어 있다.

**앨버타주는 캐나다 중서부로 석유와 가스가 생산되어 부유한 지역이다. 밀과 각종 곡류가 풍성하게 생산되고 축산업이 발달해 최고급 쇠고기를 생산하는 지역이다. 서부 캐나디안 로키 지역의 아름다움과 동부 쪽 뻗은 대평원 지대의 자연미를 모두 만끽할 수 있는 곳으로 영국 빅토리아 여왕의 넷째 딸 캐롤라인 앨버타(Louise Caroline Alberta, 1848~1939) 공주의 이름을 따서 주 이름을 지었다. 세금은 연방세 7%, 숙박세 5%가 부과되며 시차는 한국과 16시간(15시간의 서머 타임)이다.**

# 재스퍼 Jasper
## 2018. 7. 31(화)

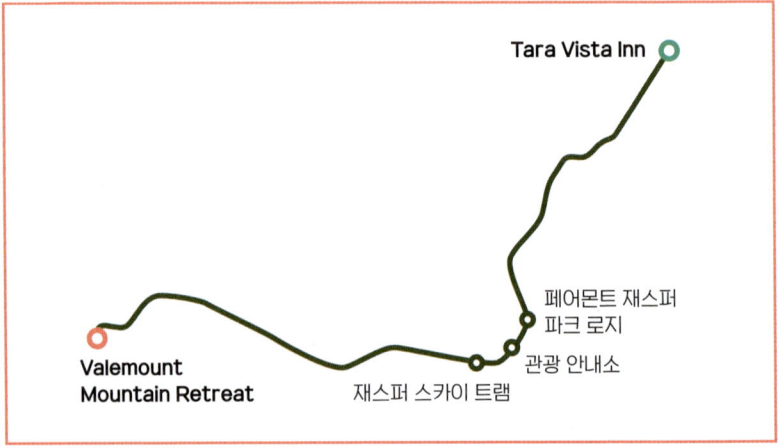

### 🚗 관광지별 이동 거리

Valemount Mountain Retreat(111.0km) ➡ 재스퍼 스카이 트램(8.0km) ➡ 관광 안내소(7.0km) ➡ 페어몬트 재스퍼 파크 로지(75.0km) ➡ Tara Vista Inn

계: 201.0km

 **여행기**

  오늘은 브리티시컬럼비아주와 앨버타주의 경계 지역으로 캐나다의 볼거리 중 단연 으뜸이며 숨 막히게 아름다운 자연이 펼쳐지는 캐나디안 로키(Canadian Rocky) 지역으로 접어든다. 재스퍼 스카이 트램을 타고 휘슬러 산에 올라 재스퍼의 아름다운 산하를 조망하고, 캐나디안 로키의 3대 리조트 단지인 페어몬트 재스퍼 파크 로지를 관광하는 일정이다.

  오전 9시 호텔을 출발하였다. 이제 앨버타주의 재스퍼(Jasper)로 들어가는 것이다. 곧게 뻗은 도로 끝에 어제 보았던 롭슨산의 위용이 크게 나타난다.

롭슨산

1시간 20분 정도 걸려 재스퍼에 접어드니 차량들의 행렬이 많아진다. 앨버타주는 밴쿠버와 1시간의 시차가 있어 오전 11시 20분(한국과 시차 16시간)이다.

재스퍼(Jasper)는 옥(玉)이라는 뜻의 로키산맥이 품고 있는 보석 같은 도시로, 때 묻지 않은 자연을 그대로 즐길 수 있는 거대한 재스퍼 국립 공원(Jasper National Park)의 한가운데에 있다. 마치 서부 영화의 한 장면 같은 광활한 분위기가 매력적이나 대중교통 수단이 별로 없어 렌터카가 필요하다.

도롯가에 있는 국립 공원 관리 사무소에서 직원들이 통행료를 징수하고 있다. 재스퍼로 들어가려는 모든 차량은 여기서 통행료를 지불해야 한다.

휘슬러 산을 올라가는 재스퍼 스카이 트램(Jasper Sky Tram)에 도착하였다. 관광객들이 많아 주차장에는 차를 주차할 수 없을 정도로 복잡하다.

휘슬러산(Mountain Whistler)은 해발 2,464m이며 정상까지 2km에 케이블카 트램웨이(Tramway)가 설치되어 있고 종착점에서 정상까지는 40분이 소요된다.

국립 공원 관리 사무소

케이블카 탑승장

정상으로 올라가는 등산로

케이블카는 해발 2,286m에 있는 전망대까지 7분이 소요되었다. 전망대에 도착하니 황량한 바위산의 모습이 크게 다가온다. 등산로를 따라 휘슬러산 정상으로 오른다.

해발 2,464m의 휘슬러 산 정상에 도착하였다. 정상 표지석이 세워져 있고 원형의 표지석 둘레에 주변에 있는 고산들의 방향이 표시되어 있다.

정상 표지석

정상 주변의 모습

울창한 나무숲 건너 멀리 암봉이 이어지고, 재스퍼 시내의 모습이 아름답게 내려다보인다. 애써베스카강(Athabasca River)이 흰 선을 그려 놓은 듯 구불구불 이어지고 보버르호(Beauvert Lake)와 밀드레드호(Mildred Lake), 이디스호(Edith Lake)의 모습이 아름답게 펼쳐진다.

재스퍼 시내

기차가 지나간다. 뱀처럼 구불구불한 철로 위에 느릿느릿 움직이는 화물 열차는 시작과 끝이 보이지 않는다. 화물 열차는 화물칸을 115량에서 150량을 달고 다닌다. 초기에 철도를 건설할 때 동부에서 밴쿠버까지 가려면 로키산을 넘어야 했다. 그 당시 증기 기관차는 10° 경사를 올라갈 수가 없어서 나선형 터널을 만드는 데 8자형을 2차에 걸쳐 만드는 철로의 길이가 1.9km였다고 한다. 그래서 기차의 길이가 115량 이상이 되어야 기차가 미끄러지지 않고 터널을 통과할 수 있다고 한다.

휘슬러산 정상에서 아름다운 재스퍼 시내를 조망하고 재스퍼 다운타운에 있는 재스퍼 관광 안내소(Jasper Information Centre)를 방문하였다. 관광 안내소 앞에는 커다란 토템 폴이 서 있고 산책로에 관한 지도가 비치되어 있다.

관광 안내소

재스퍼 다운타운(Downtown)을 한 바퀴 돌아보았다. 중심 거리는 남북으로 길게 이어져 있으며 슈퍼도 있고 호텔과 기념품점이 있다. 관광 시즌이라 호텔은 만원으로 예약을 하지 않으면 방을 구하기가 쉽지 않은 것 같다.

보베르 호수(Lake Beauvert) 옆에 있는 페어몬트 재스퍼 파크 로지(Fairmont Jasper Park Lodge)를 관광하였다. 밴프 스프링스 호텔(Banff Springs Hotel), 샤토 레이크 루이스(Chateau Lake Louise)와 더불어 캐나디안 로키의 3대 리조트 단지로 넓은 공원 부지에 산장 형태의 숙소와 골프 코스 등 다양한 레포츠 시설을 구비하고 있다.

페어몬트 재스퍼 파크 로지 입구

기역 자 형태로 지어진 호텔은 꽃으로 예쁘게 장식을 해 놓았고 넓은 부지에 종류별로 다양한 형태의 숙소가 지어져 있다. 코발트색의 아름다운 보베르 호수(Lake Beauvert)에서 오리 한 가족이 잔잔한 파문을 일으키며 놀고 있다.

보베르 호수

아름다운 보베르 호수를 바라보며 한가한 시간을 보내고 엘로헤드하이웨이(Yellowhead Hwy)를 따라 75km를 달려 Hinton 지역에 있는 Tara Vista Inn에 도착하여 휴식을 하였다.

재스퍼는 5개월 전에 호텔을 예약하였는데 저렴한 호텔은 이미 매진되어 시내에서 떨어진 곳에 예약을 하게 되었다. 오가는 데 시간이 많이 소요된다. 실제로 시내 관광을 하면서 확인해 보니 여름 성수기철에는 관광객이 많아 숙박을 할 수 있는 호텔을 찾기가 어려울 것 같다.

# DAY 15 재스퍼 Jasper
## 2018. 8. 1(수)

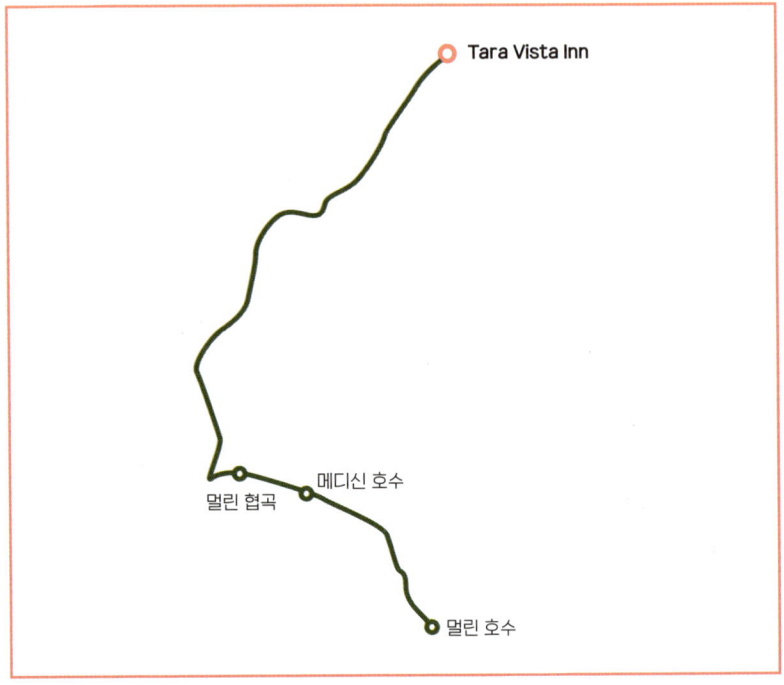

### 🚗 관광지별 이동 거리

Tara Vista Inn(78.2km) ➡ 멀린 협곡(14.9km) ➡ 메디신 호수(22.9km) ➡ 멀린 호수(115.0km) ➡ Tara Vista Inn

계: 231.0km

## 🗒 여행기

　오늘은 거센 물살이 만들어 낸 웅장한 모습의 멀린 협곡을 감상하고, 빙하 호수로는 세계에서 두 번째로 큰 멀린 호수에서 사진작가들이 최고의 사진 촬영 장소로 선정한 그림 같이 아름다운 스리핏 아일랜드를 둘러보는 일정이다.

　오전 9시 호텔을 출발하였다. 16번 도로 옐로헤드하이웨이(Yellowhead Hwy)를 달리는데 도로포장 공사를 하고 있어 차량이 많이 밀린다. 멀린 협곡에 가까워지면서 하얀 산봉우리의 웅장한 모습이 나타난다.

하얀 모습의 산

오전 11시 멀린 협곡(Maligne Canyon) 주차장에 도착하였다. 관광객이 무척 많아 주차장은 만원이다.

멀린 협곡(Maligne Canyon)은 재스퍼 다운타운에서 북동쪽 11km에 있는 멀린 호수(Maligne Lake)에서 흘러내리는 멀린강(Maligne River)이 메디신 호수(Medicine Lake)를 거쳐 애서배스카강(Athabasca River)으로 들어가면서 거센 물살이 주변 지형을 깎아 내어 만들어진 협곡이다. 50m나 되는 협곡과 소용돌이치는 물살을 그대로 발 아래로 느끼며 지나갈 수 있는 다리가 6개나 된다.

레스토랑 옆에 있는 첫 번째 다리에서부터 관광을 시작하였다. 깊은 협곡 사이로 소용돌이치는 물살이 매우 거세다.

멀린 협곡 1

두 번째와 세 번째 그리고 네 번째 다리까지 이어지는 계곡은 여러 가지 형태의 아름다운 모습을 보여 준다. 너무나 신기할 정도로 바위 사이의 깊은 협곡으로 큰 물줄기가 세차게 흐른다.

멀린 협곡 2

네 번째 다리를 지나니 큰 강으로 변해 거센 물살이 힘차게 흐른다. 다섯 번째 다리에서 언덕 위로 이어지는 7번 산책로를 거쳐 주차장으로 되돌아 나갔다.

멀린 협곡 관광을 마치고 멀린 레이크 로드(Maligne Lake Rd)를 따라 15km 정도 가니 메디신 호수(Medicine Lake)가 나온다. 이 호수는 눈이 녹으면서 호수가 되었다가 가을이 되면 물이 줄어들어 사라지는 호수라고 하는데 아직은 큰 호수를 형성하고 있다.

메디신 호수

주변 산에는 나무들이 많이 죽어 있다. 거대한 바위산들이 호수 주변으로 병풍처럼 자리하고 있는데 흰 눈이 덮인 것처럼 모두 하얗게 보인다.

하얗게 보이는 바위산

오후 2시 반경 멀린 호수(Maligne Lake)에 도착하였다.

멀린 호수는 재스퍼 다운타운에서 남동쪽으로 48km 지점에 있는 세계에서 두 번째로 큰 빙하 호수이다. 길이 22km, 넓이 630만 평이라고 한다. 동쪽 구석에는 크루즈를 통해서만 갈 수 있는 사진 촬영 장소로 유명한 스피릿 아일랜드(Spirit Island)가 있다. 스피릿 아일랜드(Spirit Island)는 사진작가들에 의해 아름다운 사진 촬영 장소로 여러 번 선정된 섬이다.

관광 안내소에 도착하니 관광객이 무척 많다. 에메랄드빛 호수가 아름답게 펼쳐지고 보트를 타고 즐기는 사람들의 모습이 한가롭다. 스리핏 아일랜드까지는 왕복 2시간이 소요되는데 관광객이 많아 오후 4시에 출발하는 배를 탔다.

유람선 선착장

바위산의 위용

　45인승 조그마한 배에는 관광객이 꽉 찼다. 배가 출발하자 호수를 둘러싸고 있는 거대한 산들이 주변을 압도한다. 온통 바윗덩어리로 형성된 산들은 마치 눈이 덮여 있는 산처럼 하얗다.

　배가 시원한 바람을 가르며 속도를 낼 때마다 거대한 물살이 솟아오른다. 높고 낮은 산들이 이어지고 굉장한 크기의 빙하도 보인다.

빙하로 뒤덮인 산

1시간 정도 걸려 스피릿 아일랜드에 도착하였다. 배에서 내리니 주변의 경치가 무척 아름답다. 산과 호수가 어우러진 주변의 경치는 마치 그림 속의 한 장면을 보는 것과 같다.

스피릿 아일랜드

보트를 즐기고 있는 젊은이들의 모습이 주변의 경치와 어울려 아름답게 보인다. 이 아름다운 호수에서 한가한 시간을 보낼 수 있어 행복하다.

보트를 즐기고 있는 사람들

# DAY 16 재스퍼 Jasper
### 2018. 8. 2(목)

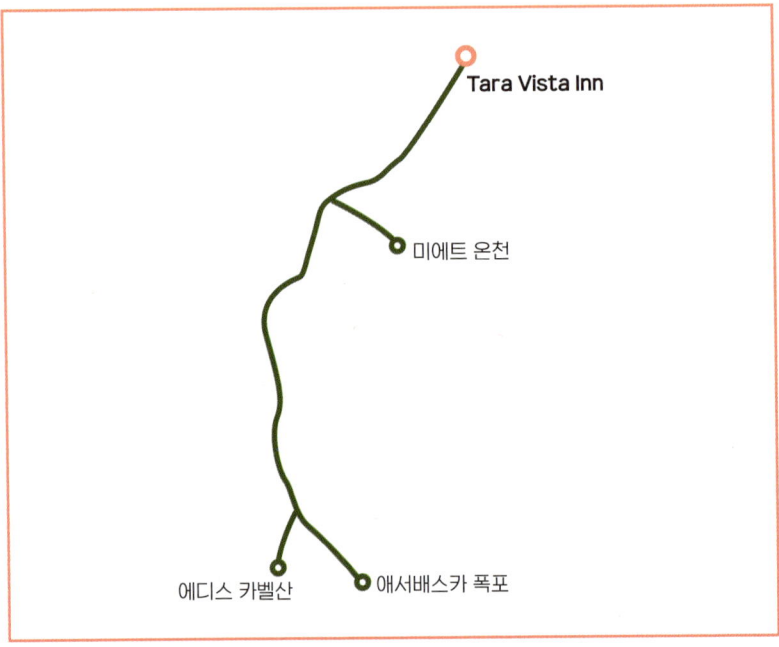

## 🚗 관광지별 이동 거리

Tara Vista Inn(103.0km) ➡ 에디스 카벨산(32.0km) ➡ 애서배스카 폭포(91.0km) ➡ 미에트 온천(50.0km) ➡ Tara Vista Inn

계: 276.0km

 **여행기**

오늘은 에디스 카벨산에 있는 아름다운 에인절 빙하와 높이 22m의 애서배스카 폭포를 감상하고, 야외 온천장 미에트 온천에서 온천욕을 하는 일정이다.

아침에 일어나니 비가 제법 많이 내린다. 비가 오니 기온이 많이 내려가 싸늘하다. 오전 9시에 호텔을 출발하여 에디스 카벨산(Mt. Edith Cavell)으로 향하였다. 호텔을 출발하여 30여 분 지나니 비는 그치고 햇살이 비친다.

재스퍼 다운타운에서 아이스필드 파크웨이 93번 국도, 93A 국도로 40분간 달리다가 다소 험한 산길(Mt. Edith Cavel Road)을 올라가면 에디스 카벨산의 주차장이 나오고 'Path of the Glacier Loop'를 따라 30분간 올라가면 에디스 카벨산 정상이 된다. 산 정상에 있는 에인절 빙하(Angel Glacier)는 천사가 날개를 펼치고 있는 것 같은 모습을 하고 있어 바로 앞에 있는 카벨 호수(Cavell Pond)와 어우러져 멋진 풍광을 연출한다.

오전 10시 반경 에디스 카벨산 입구에 도착하니 산으로 올라가는 도롯가에 공사 중이라 8월 말까지 출입할 수 없다는 안내판이 붙어 있다. 멋진 모습의 에인절 빙하를 보지 못하여 무척 아쉽다.

에디스 카벨산 안내도

오전 11시 반경 30km 정도 떨어져 있는 애서배스카 폭포(Athabasca Falls)에 도착하였다. 겉옷을 하나 더 입었는데도 싸늘하다. 폭포 주변으로 다가가니 큰 굉음을 내며 떨어지는 폭포의 위용이 대단하다. 높이가 22m라고 하는데 떨어지는 물의 양이 엄청나게 많고 물안개가 자욱이 피어오른다.

애서배스카 폭포

폭포 주변에 산책로가 있어 폭포의 모습을 위와 아래에서 볼 수 있다.

폭포 아래에 있는 산책로 좌우에는 물살이 깎아 놓은 특이한 모습의 바위가 우뚝 솟아 있다.

산책로

특이한 모습의 바위들

폭포 관광을 마치고 16번 도로 옐로헤드하이웨이를 따라 미에트 온천(Miette Hot Springs)으로 이동하였다. 미에트 온천은 캐나다 로키 지역에서 가장 높은 40℃의 수온을 가진 유황 온천이다.

미에트 온천은 큰 고개를 넘어 사방이 큰 산으로 둘러싸여 있는 분지에 있다. 고개의 경사가 심하고 급회전을 하는 구간도 있어 조심스럽다. 주차장에 도착하니 많은 차량들로 주차장은 만원이고 주변에는 숙박 시설이 많이 보인다.

주차장 주변에 고라니 몇 마리가 사람도 두려워하지 않고 차량 사이로 돌아다닌다. 캐나다 자연 속의 평온을 느끼게 하는 장면이다.

미에트 온천

주차장 주변을 서성이는 고라니

온천은 노천탕으로 남녀 같이 수영복을 입고 들어가는데 온천탕이 야외에 있어 시원해 보인다. 오늘은 기온이 좀 차가워 싸늘한 느낌인데 모처럼 따뜻한 온천욕을 하니 생기가 돈다.

# DAY 17 아이스필드 파크웨이 Icefield Park Way
## 2018. 8. 3(금)

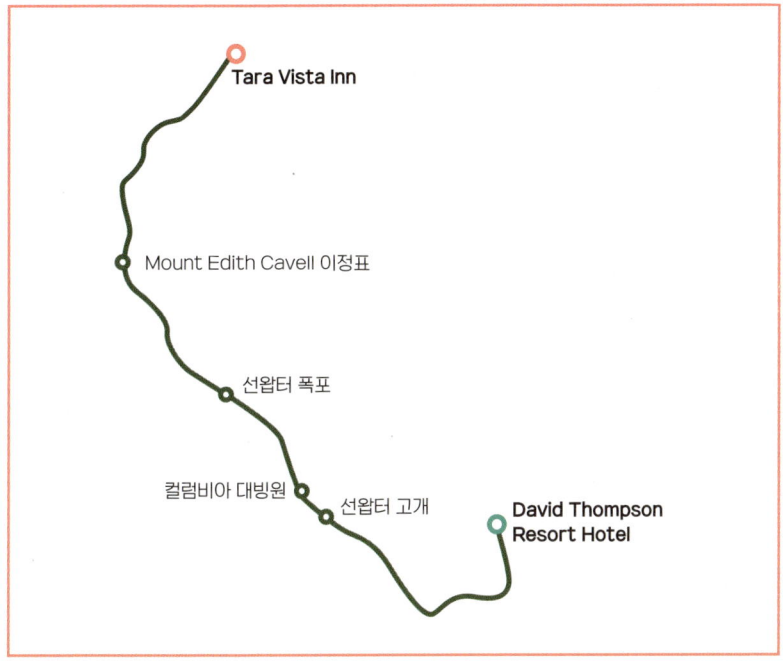

### 🚗 관광지별 이동 거리

Tara Vista Inn(97.0km) ➡ Mount Edith Cavell 이정표(34.0km)
➡ 선왑터 폭포(49.0km) ➡ 컬럼비아 대빙원(5.0km)
➡ 선왑터 고개(89.0km) ➡ David Thompson Resort Hotel

계: 274.0km

## 🎫 여행기

 오늘은 재스퍼에서 밴프까지 이어지는 약 300km의 고속도로 중 93번 고속도로 아이스필드 파크웨이(Icefield Park Way)를 달린다. 이 고속도로는 1961년 개통되었고 도로 주변에 로키 산맥이 이어져 우람한 절경을 볼 수 있다. 컬럼비아 대빙원의 빙하 녹은 물이 만들어 내는 거대한 선왑터 폭포를 감상하고, 세계에서 하나뿐인 설상차를 타고 컬럼비아 대빙원을 탐사하는 일정이다.

 아침에 일어나 창문을 여니 하늘에는 구름이 많이 끼었고 기온이 내려가 한여름인데도 15℃로 싸늘하다.

 호텔을 출발하여 아이스필드 파크웨이(Icefield Park Way)를 따라 1시간 정도 주변에 있는 높은 산을 표시한 표시목이 세워져 있다. MOUNT EDITH CAVELL 3,368m, MOUNT HARDISTY 2,716m, ATHABASCA PASS 1,748m라고 쓴 표지판이 해당되는 방향의 산을 가리키고 있다.

MOUNT EDITH CAVELL 표지판

David Thompson 기록

세계적인 지리학자 David Thompson(1770~1857)이 1792~1812년까지 말을 타거나 걸어서 9만 km의 여행 루트를 개척하였다는 기록이 적혀 있다. 너무 멀리 있어 올라가기는 어려우나 멀리서나마 아름답게 이어져 있는 흰 산봉우리를 감상할 수 있다.

오전 10시 반경 선왑터 폭포(Sunwapta Falls)에 도착하였다.

**이 폭포는 컬럼비아 대빙원에서 녹아내린 물이 흘러들어 형성된 선왑터강(Sunwapta River)과 애서배스카강(Athabasca River)이 만나는 지점에 있는 폭포다.**

선왑터 폭포

주차장에서 나무 숲길 사이로 난 오솔길로 들어가니 힘찬 모습의 폭포가 나타난다. 폭포 위로 다리가 있어 건너편에서도 폭포의 모습을 감상할 수 있다. 폭포를 한 바퀴 돌아보았다. 칼로 잘라 놓은 것 같이 직각으로 잘려진 바위 사이로 폭포수가 떨어진다. 겉옷을 하나 입었는데도 싸늘하다.

폭포를 감상하고 아이스필드 파크웨이를 계속 달린다. 40여 분 지나니 도롯가에 황홀하게 펼쳐지는 거대한 빙하의 모습이 보인다. 산 정상에서 흘러내리는 빙하의 모습이 대단하다. 아이스필드 파크웨이를 달리다 보니 도로와 맞닿아 있는 빙하의 모습도 보인다.

웅장한 빙하

도롯가에 펼쳐진 빙하

12시경 컬럼비아 대빙원(Columbia Icefield) 관광 안내소에 도착하였다. 넓은 컬럼비아 대빙원의 모습이 신비스럽다. 설상차를 타고 많은 사람들이 빙하 위에 올라가 있는 모습이 보인다.

컬럼비아 대빙원

컬럼비아 대빙원(Columbia Icefield)은 해발 3,750m의 컬럼비아산에서 흘러내린 빙하로 북반구에서 북극 다음으로 규모가 크며 넓이가 325㎢, 얼음의 두께는 365m라고 한다. 이곳의 얼음은 빙하 시대 말기에 만들어진 것으로 전 세계에서 단 하나뿐인 설상차가 진입할 수 있는 곳이다.

넓은 주차장은 많은 차량들로 무척 복잡하다. 주변에 보이는 Nigel 3,211m, Boundary 2,871m, Athabasca 3,491m, Andromeda 3,450m, Snow Dome 3,456m 등 높은 산을 표시하는 안내판이 세워져 있다. 주변이 온통 높은 산으로 둘러싸여 있어 주변의 산을 둘러보는 것만으로도 황홀하다.

산 표지판

관광 안내소에는 투어를 신청하는 사람들로 만원이라 3시간 후에 출발하는 투어를 예약할 수 있었다. 투어는 셔틀버스를 타고 빙하의 중간 지대인 해발 2,133m 지점까지 올라가 엄청난 성능의 엔진을 장착한 설상차 '아이스 익스플로러(Ice Exploler)'로 갈아타게 된다. 설상차는 바퀴가 사람의 키 정도로 크고 56인승이다.

설상차

컬럼비아 대빙원

빙하에 도착하니 주변에 빙하가 녹아 흘러내리고 빙하 정상의 모습이 가깝게 보인다. 빙하가 녹아 깊게 골이 나 있는 곳에 캐나다 국기를 꽂아 놓았다. 바람이 불어 두꺼운 점퍼를 입었는데도 한겨울같이 무척 춥다.

빙하관광을 마치고 셔틀버스는 스카이 워크로 향한다. 스카이 워크는 컬럼비아 대빙원을 감상하기 좋은 위치에 세운 전망대이다. 전망대에 올라가니 컬럼비아 빙하의 웅장한 모습이 한눈에 바라다보인다.

스카이 워크

전망대는 공중에 철근으로 구조물을 만들고 바닥에는 유리를 깔아 놓았는데 유리 아래로 깊은 계곡이 내려다보여 아찔하다. 전망대 입구에서 록키산맥의 생성과 변화에 대한 설명을 해 주는 번역기를 주는데 한국어 번역기도 있다.

전망대

빙하 관광을 마치고 다시 아이스필드 파크웨이(Icefield Park Way)를 달린다. 10분 정도 달리니 선왑터 고개가 나온다. 선왑터 고개(Sunwapta Pass)는 아이스필드 파크웨이의 중간에 있는 고개로 밴프 국립 공원과 재스퍼 국립 공원을 나누는 경계선이다. 도로 표지석이 세워져 있고 1961년 8월 3일에 이 도로가 개통되었다는 내용이 적혀 있다.

도로 표지석

　선왑터 고개를 넘고 아이스필드 파크웨이(Icefield Park Way)를 계속 달리다가 사스카추완 리버 크로싱(Saskatchewan River Crossing)에서 David Thompson Hwy를 갈아타고 44km를 더 달려 오늘의 숙박지에 도착하였다.

　호텔은 오래전에 예약하였는데 주변에 숙박업소가 없어 진행 방향에서 좀 멀리 들어가 호텔을 정할 수밖에 없었다.

　오늘은 로키산맥의 우람한 산들이 펼쳐지는 아름다운 아이스필드 파크웨이를 달리며 즐거운 시간을 보낸 하루였다.

# 아이스필드 파크웨이 Icefield Park Way
# 요호 국립 공원 Yoho National Park
## 2018. 8. 4(토)

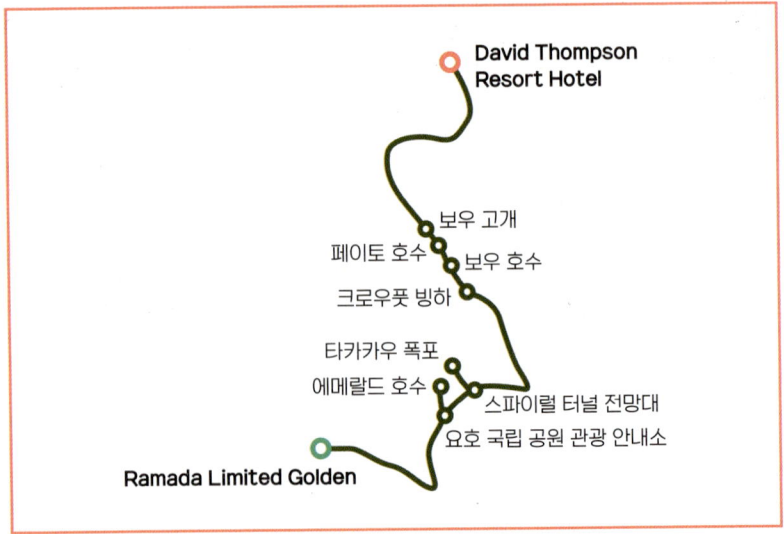

### 🚗 관광지별 이동 거리

David Thompson Resort Hotel(79.6km) ➡ 보우 고개(1.1km)
➡ 페이토 호수(7.1km) ➡ 보우 호수(5.1km) ➡ 크로우풋 빙하(52.1km)
➡ 요호 국립 공원 관광 안내소(11.0km) ➡ 에메랄드 호수(18.0km)
➡ 스파이럴 터널 전망대(10.0km) ➡ 타카카우 폭포(73.0km)
➡ Ramada Limited Golden

계: 257.0km

 **여행기**

　오늘은 아이스필드 파크웨이 최고의 절경이라고 하는 페이토 호수를 구경하고 요호 국립 공원으로 접어들어 빙하가 흘러내린 아름다운 에메랄드 호수와 물안개 자욱한 타카카우 폭포를 보는 일정이다.

　아침에 일어나니 기온이 무척 차갑다. 어제 저녁에는 기온이 낮아 난방을 했다. 서울은 최고 기온이 39℃라고 하는데 여기는 아침 기온이 15℃다.

　오전 8시 반 호텔을 출발하였다. 아침 공기를 가르며 차량 한 대 없는 다비드톰슨하이웨이(David Thompson Hwy)를 시원한 기분으로 달린다. 앞에는 로키산이 그림처럼 아름답게 자리하고 있다.

시원하게 뻗은 다비드톰슨하이웨이

웅장한 바위산들이 아침 햇살을 받아 찬란하게 빛나고 주변에는 나무들이 우거져 어디를 보아도 한 폭의 그림이다.

아름다운 로키의 모습

흰 눈이 조금 있는 산, 눈으로 하얗게 뒤덮인 산, 우뚝 솟아 있는 암봉, 곳곳에 보이는 아름다운 경치를 그냥 지나치기에는 너무 아까워 자꾸 차를 멈춘다. 여러 가지 아름다운 모습을 보여 주는 로키의 아침은 너무나 즐거운 시간이다.

웅장한 로키의 모습 1

웅장한 로키의 모습 2

다비드톰슨하이웨이(David Thompson Hwy)를 달리다가 사스카추완 리버 크로싱(Saskatchewan River Crossing)에서 93번 도로 아이스필드 파크웨이(Icefields Pkwy)로 갈아타고 레이크 루이스(Lake Louise) 방향으로 달린다. 아름다운 장면들이 이어진다. 로키의 아름다움을 만끽하는 시간이다.

웅장한 로키의 모습 3

오전 9시 40분경 보우 고개(Bow Pass)에 도착하였다. 아이스필드 파크웨이에서 가장 높은 해발 2,067m에 있는 고개다. 여기서 페이토 호수를 볼 수 있다.

**페이토 호수(Peyto Lake)는 아이스필드 파크웨이에서 최고의 절경으로 꼽히는 곳으로 계절마다 호수 빛깔이 변해 로키 최고의 사진 촬영 장소라고 한다. 칼든산(Mt. Carldon)과 패터슨산(Mt. Patterson) 사이에 길쭉한 모양으로 형성되어 있다.**

산책길을 15분 정도 올라가니 페이토 호수의 전경이 한눈에 펼쳐진다. 에메랄드빛 페이토 호수의 아름다운 광경에 숨이 멎을 것 같다. 너무나 진한 색깔이다. 페이토 빙하(Peyto Glacier)와 페이토 빙하가 녹아 페이토 호수로 흘러드는 모습이 생생하게 보인다. 너무나 멋진 광경이다. 해가 떴는데도 날씨가 추워 두꺼운 점퍼를 꺼내 입었다.

페이토 호수

페이토 호수의 감동을 간직한 채 언덕을 내려가 다시 20여 분을 더 달리니 보우 호수(Bow Lake)가 나타난다. 크로우풋 빙하(Crowfoot Glacier)에서 녹아내린 물이 흘러 들어와 만들어진 호수로 보우강으로 이어진다. 푸른 호수 앞에 보우 빙하(Bow Glacier)의 모습도 보인다. 호수 주변을 둘러싸고 있는 3,000여 m의 높은 봉우리들이 맑은 수면에 비쳐 참으로 아름답다.

보우 호수

2km 정도를 더 가니 크로우풋 빙하(Crowfoot Glacier)가 보인다. 3,050m의 쿠로우풋산에서 흘러내린 빙하의 모습이 까마귀 발처럼 생겨서 붙여진 이름이라고 한다.

크로우풋 빙하

이제 요호 국립 공원(Yoho National Park) 지역으로 접어든다.

요호 국립 공원의 요호(Yoho)는 원주민 말로 '경이로운 곳'이라는 뜻이며 태고의 자연미가 넘치는 곳으로 브리티시컬럼비아주에 속해 있다. 밴프와 레이크 루이스 사이에 넓게 자리 잡고 있으며 환상적인 호수 빛깔을 자랑하는 에메랄드 호수와 멋있는 타카카우 폭포 등이 산속에 숨어 있다. 대중교통이 없어서 렌터카 없이는 여행이 불가능한 지역이다.

12시경 요호 국립 공원의 중심 마을 필드(Field)에 도착하였다. 관광 안내소 앞에 있는 Kicking Horse River를 바라보며 점심 식사를 하였다.

관광 안내소

오후 1시경 에메랄드 호수(Emerald Lake)에 도착하였다. 에메랄드 호수는 빙하가 녹아 흘러내리면서 따라 내려온 빙퇴석이 강물을 막아서 생긴 호수다.

주말이라 관광객이 많아 도로까지 차량들이 주차하고 있다. 나무다리를 건너니 에메랄드빛 호수가 찬란하게 펼쳐진다. 호수에서 보트를 타는 사람들의 즐거운 모습이 한가로워 보인다.

에메랄드 호수 1

에메랄드 호수 2

   호수 주변으로 산책로가 이어지고 주변으로 호텔의 객실이 있다. 호숫가로 결혼식 피로연장을 만들어 놓아 분위기 있는 결혼식 피로연이 될 것 같다.

호수를 둘러보고 타카카우 폭포(Takakkaw Falls)로 향하였다. 20여 분 진행하니 스파이럴 터널(Upper Spiral Tunnel) 전망대가 나온다. 스파이럴 터널은 험악한 지형 때문에 8자형으로 만들어진 길이 약 7km의 터널이다. 거대한 암산 중턱에 기차 터널의 입구가 두 개 보이고 화물차가 나타난다. 길게 이어진 화물차는 산 중간에 있는 위쪽의 터널로 들어가더니 화물 차량의 마지막이 끝나기 전에 아래에 있는 터널로 화물차의 머리통이 나온다.

스파이럴 터널

오후 3시경 나무가 울창하게 우거진 사이로 나 있는 도로를 따라 타카카우 폭포(Takakkaw Falls)에 도착하였다. 높이가 380m라고 하는데 바위 사이에서 떨어지는 폭포의 위용이 대단하다. 오늘은 기온이 낮아 점퍼를 하나 더 입었는데도 물안개가 자욱이 내려 춥다.

타카카우 폭포

관광을 마치고 90km 정도 떨어진 Golden에 있는 Ramada Limited Golden Hotel에 도착하여 휴식을 하였다. 오늘은 로키의 아름다운 진면목을 제대로 감상했던 하루였다.

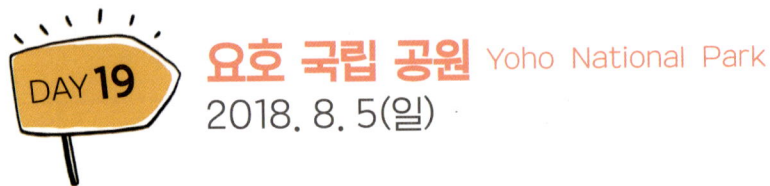

# 요호 국립 공원 Yoho National Park
## DAY 19
### 2018. 8. 5(일)

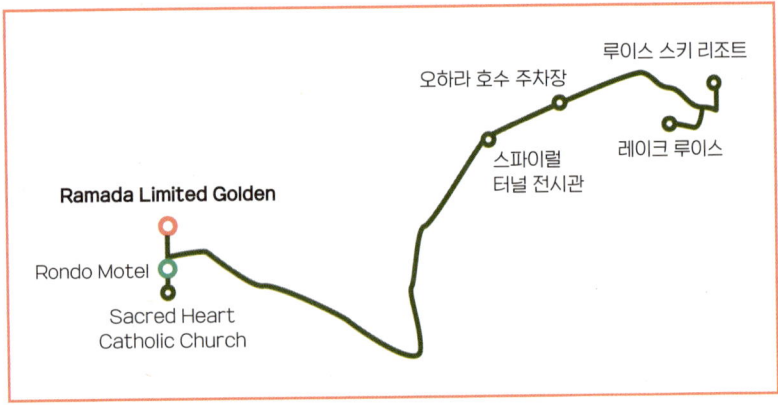

### 🚗 관광지별 이동 거리

Ramada Limited Golden(3.6km)
→ Sacred Heart Catholic Church(71.2km)
→ 오하라 호수 주차장(17.2km) → 레이크 루이스(7.1km)
→ 루이스 스키 리조트(20.9km) → 스파이럴 터널 전시관(64.0km)
→ Rondo Motel

계: 184.0km

## 📔 여행기

　오늘은 요호 국립 공원에서 가장 인기 있는 산책로가 이어지는 오하라 호수와 아름다운 호수 레이크 루이스를 본다. 그리고 화이트혼산 곤돌라를 타고 정상에 올라가 레이크 루이스 시내의 아름다운 경관을 감상하는 일정이다.

　아침에 Golden 다운타운에 있는 Sacred Heart Catholic Church에서 주일 미사에 참례하였다. 마을이 적어 성당이 조그마하고 미사에 참여한 신자가 50여 명 될 정도이다. 한국의 시골에 있는 성당에 갔던 기억이 난다.

　성당에서 미사를 마치고 오하라 호수(Lake O'hara)를 향하여 출발하였다. 93번 도로 아이스필드 파크웨이(Icefields Pkwy)에는 차량이 없어 한가하다.

아이스필드 파크웨이

오하라 호수 입구에 있는 주차장(Lake O'hara parking lot)에 도착하였는데 차량들은 많이 주차해 있으나 사람들은 보이지 않는다. 오하라 호수를 보기 위해 산책로를 따라 걸어 들어간 것 같다.

**오하라 호수는 스파이럴 터널의 남쪽에 있는 호수로 호수 입구에 있는 주차장에서 호수까지 11km 들어가야 하는데 셔틀버스 외에는 걸어 들어가야 한다. 요호 국립공원의 산책로 중에서 가장 인기 있는 산책로이다.**

관광 안내판에 보니 셔틀버스가 하루에 네 번 운행한다고 되어 있다. 한국어 설명서도 있는데 셔틀버스는 사전에 예약을 하여야 한다고 되어 있다. (저녁에 확인해 보니 8월은 예약이 모두 끝났었다.)

오하라 호수 입구 주차장

오하라 호수는 다음에 관광하기로 하고 레이크 루이스(Lake Louise)로 향하였다. 레이크 루이스 관광 안내소(Lake Louise Visitor Centre) 앞에 있는 사거리에 도착하니 차량들이 밀려서 많이 정체된다. 호텔 주차장 입구에 도착했는데 주차장이 만원이라 주차장으로 들어갈 수 없다고 한다. 수많은 차량들이 모두 되돌아간다. 할 수 없이 차량을 되돌려나가 화이트 혼산으로 향하였다.

레이크 루이스 입구

오후 2시경 화이트혼산에 도착하였다. 일요일이라 가족과 함께 나들이 나온 사람들이 곤돌라를 타려고 줄을 서 있다.

화이트혼산(Mt.Whitehorn)은 해발 2,673m로 정선에서 레이크 루이스 드라이브(Lake Louise Drive)를 따라 동쪽으로 가다가 이어지는 화이트혼 로드(Whitehorn Road)를 따라 들어가면 레이크 루이스 스키 리조트(Lake Louise Ski Resort) 곤돌라 승강장이 있다.

곤돌라 탑승장

곤돌라를 타고 카페테라스가 있는 화이트혼산에 올라가니 멀리 레이크 루이스의 푸른 물결이 조그맣게 보이고 그 위로 빙하로 뒤덮인 산이 보인다. 야생화가 곱게 피어 있고 앞산이 웅장하게 눈앞에 보인다.

레이크 루이스와 빙하로 뒤덮인 산

웅장하게 펼쳐진 산하

Golden에 있는 숙소로 되돌아가는 길에 스파이럴 터널 전시관(Lower Spiral Tunnel Scenic Viewpoint)에 들렀다. 이곳에는 스파이럴 터널의 공사에 관한 자료와 키킹 호스 패스의 역사에 관한 자료가 전시되어 있다.

스파이럴 터널 전시관

8월 휴가철이라 재스퍼와 레이크 루이스에는 관광객들로 넘쳐난다. 차량이 너무 많아 도로가 많이 정체되어 유명 관광지임을 실감할 수 있다. 예정했던 관광지를 보지 못하고 내일로 미룰 수밖에 없다.

# 레이크 루이스 Lake Louise
## 2018. 8. 6(월)

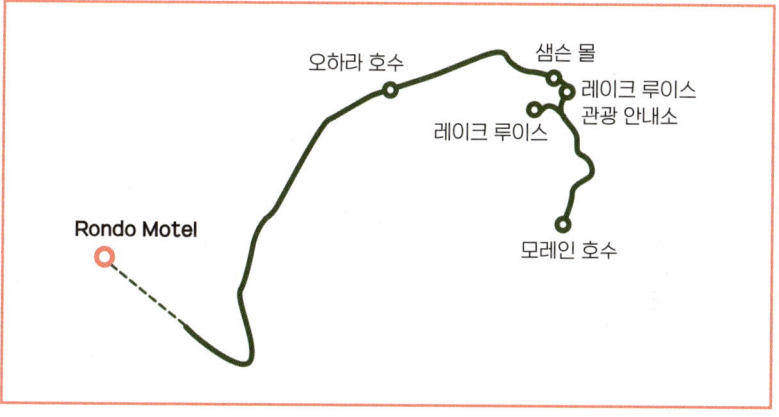

------ 점선으로 표시된 부분은 상대적으로 훨씬 긴 거리를 축소해서 간단히 그린 것

### 🚗 관광지별 이동 거리

Rondo Motel(70.6km) ➡ 오하라 호수(17.2km)
➡ 레이크 루이스(14.2km) ➡ 모레인 호수(15.0km)
➡ 레이크 루이스 관광 안내소(0.1km) ➡ 샘슨 몰(81.9km) ➡ Rondo Motel

계: 199.0km

## 📖 여행기

오늘은 어제 보지 못한 아름다운 오하라 호수(Lake O'hara)와 유네스코가 정한 10대 절경 중의 하나인 레이크 루이스(Lake Louise)를 보는 일정이다.

오전 8시 모텔을 출발하여 오전 9시경 오하라 호수 입구 주차장에 도착하였다. 오하라 호수로 들어가는 산책로를 따라 걸었다. 산책로는 요호 국립 공원에서 가장 인기 있는 산책로로 11km다.

산책로는 자동차가 다닐 수 있는 비포장 2차로인데 처음부터 오르막이다. 그러나 사람 하나 없는 산길을 걸어가니 기분이 상쾌하다. 기온이 낮아 두꺼운 점퍼를 입었는데도 싸늘하다.

오하라 호수로 들어가는 산책로

계곡물 흐르는 소리가 우렁차다. 우람하게 솟아 있는 바위산과 울창하게 우거진 나무들이 조화를 이루어 아름답다. 산책로는 우거진 나무 그늘이 이어져 차가운 기온에도 뜨겁게 내리쪼이는 한낮의 태양을 피할 수 있어서 좋다. 한참을 가다 보니 세 사람이 나란히 걸어가고 있다.

산책로

기묘하게 우뚝 솟아나무그늘있는 바위산, 하늘 높은 줄 모르고 쭉쭉 뻗어 있는 우람한 나무 숲, 계곡물 흐르는 소리가 조화를 이루어 산책길이 즐겁다. 산책로는 계속 오르막으로 이어져 다소 힘이 들기는 하지만 1km 마다 나타나는 거리 표지판을 세어보는 재미에 열심히 오른다.

우뚝 솟아 있는 바위산

산책로를 2시간 반 정도 오르니 레이크 오하라 캠핑장이 나온다. 이정표에 해발 1,980m라고 표시되어 있다.

오하라 캠핑장

    10여 분을 더 걸어 올라가니 오하라 호수의 모습이 보인다. 진한 코발트 색의 호수가 넓게 펼쳐지고 주위를 병풍처럼 감싸고 있는 바위산들의 위용이 대단하다. 잔잔한 호수와 바위산들이 어우러져 한 폭의 그림 같다. 오하라 호수를 한 바퀴 돌 수 있게 만들어진 오솔길을 두 사람이 산책하고 있다.

오하라 호수 1

오하라 호수 2

　오하라 호숫가에서 도시락으로 점심 식사를 하였다. 일기가 좀 싸늘하기는 하여도 아름다운 오하라 호숫가에서 보내는 즐거운 시간이다.

　오후 3시 반경 오하라 호수 입구에 있는 주차장으로 되돌아갔다. 좀 피곤하기는 하여도 아름다운 오하라 호수를 보게 되어 기쁘다.

　산행을 마치고 레이크 루이스(Lake Louise)를 방문하였다. 오늘도 주차장은 만원이라 많은 차량들이 되돌아가고 있는데 다행스럽게 주차장에 들어갈 수 있었다. 주차장은 무척 넓은데 차량들이 너무나 많다.

레이크 루이스

레이크 루이스(Lake Louise)는 유네스코가 정한 세계 10대 절경 중 하나로 캐나디안 록키의 호수 가운데 가장 아름다운 호수이며 연간 200만 명이 넘는 관광객이 방문하고 있는 곳이다. 원래는 에멜라드 레이크였으나 19세기 후반 영국 빅토리아 여왕의 딸 루이스 공주의 방문을 계기로 바꾸게 되었다. 폭 300m, 길이 2.4km이며 빙하의 침식으로 산이 깎여 형성된 호수다.

레이크 호수의 푸른 물과 뒤에 보이는 빙하가 어울려 한 폭의 그림이다. 각국의 사람들이 다 모인 듯 호수 둘레에는 관광객들로 발 디딜 틈 없이 꽉 들어차 있고 넓은 호수에는 보트를 타는 즐거운 사람들의 모습이 펼쳐진다.

페어몬트 레이크 루이스

호수 앞에 페어몬트 레이크 루이스(Fairmont Chateau Lake Louise)가 있다. 호텔은 멀리서 보는 것보다 무척 크다. 레이크 루이스 호수와 조화를 이루고 정원에는 각종 꽃들을 잘 가꾸어 놓아 무척 아름답다. 벤치를 많이 만들어 놓아 사람들 앉아서 즐겁게 휴식을 취하고 있다.

레이크 루이스

레이크 루이스 관광을 마치고 모레인 호수(Moraine Lake)를 관광하려고 하였으나 어제와 같이 주차장이 만원이라 입구부터 차량 진입을 시키지 않는다.

레이크 루이스 관광 안내소(Lake Louise Visitor's Centre)에 들어가 보았다. 관광 안내소 지붕을 새의 날개처럼 만들어 놓아 특이하다.

레이크 루이스 관광 안내소

관광 안내소 안으로 들어가니 암벽 타는 모습을 실물처럼 잘 만들어 놓았다. 각종 지도와 주변에 살고 있는 동식물들의 자료도 많이 비치하고 있는데 봄과 사람, 야생 동물의 야행성에 대한 한국어 자료도 있다.

암벽 타는 모습의 조형물

관광 안내소 옆에 샘슨 몰(Samson Mall)이 있다. 이곳은 레이크 루이스에서 가장 번화한 정션(Lake Louise Junction)의 중앙으로 각종 상점과 음식점이 몰려 있다. 2층에 있는 식당에서 저녁 식사를 하였는데 음식이 정갈하고 맛도 참 좋다.

샘슨 몰

저녁 식사

# DAY 21 쿠트니 국립 공원
## Kootenay National Park
### 2018. 8. 7(화)

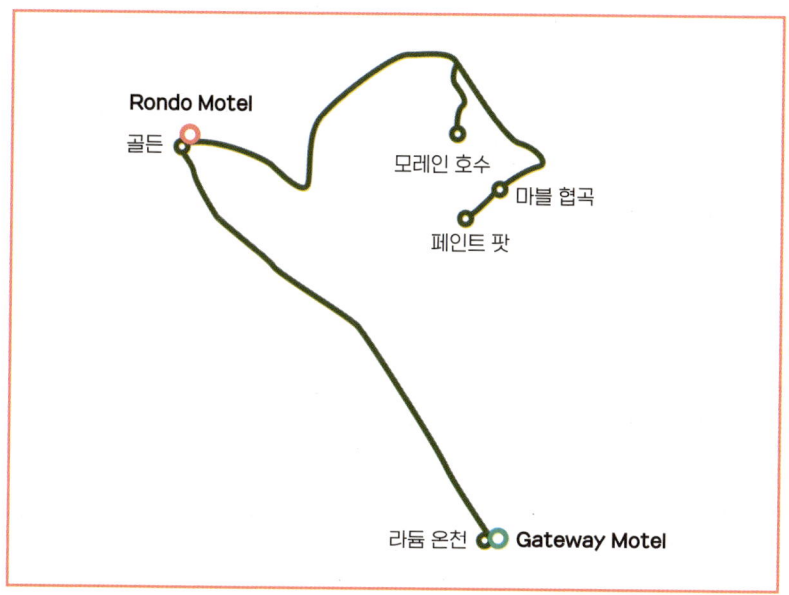

 **관광지별 이동 거리**

Rondo Motel(96.8km) ➡ 모레인 호수(56.2km) ➡ 마블 협곡(3.0km)
➡ 페인트 팟(128.0km) ➡ 골든(103.0km) ➡ 라듐 온천(1.0km)
➡ Gateway Motel

계: 388.0km

 **여행기**

오늘은 레이크 루이스의 모레인 호수(Moraine Lake)를 관광하고, 쿠트니 국립 공원으로 이동하여 바위 사이에 깊게 형성된 마블 협곡과 원주민들이 염색 염료로 사용하였다는 페인트 팟을 관광한다. 저녁에는 라듐 온천에서 따뜻한 온천욕으로 여행의 피로를 푸는 일정이다.

**모레인 호수는 정션에서 모레인 레이크 로드(Moraine Lake Road)를 따라 남쪽으로 10km 지점에 있으며 빙퇴석(氷堆石)이라는 뜻의 호수로 캐나다 20달러 권 지폐에 나오는 유명한 곳이다. (신권에는 나오지 않음.)**

오전 7시 40분 호텔을 출발하였다. 어제 모레인 호수 주차장이 만원이라 들어가지 못해서 아침에 일찍 출발했다. 오전 8시 반경 모레인 호수 들어가는 입구에 도착하였는데 벌써 주차장이 만원이라고 출입을 통제하고 있다. 하는 수 없이 샘슨 몰에서 출발하는 셔틀버스를 타기로 하였다.

오전 9시에 샘슨 몰에서 출발하는 10인승 셔틀버스를 탔는데 탑승료가 1인당 25불이다. 25분이 걸려 주차장에 도착해 보니 주차장에 차량이 너무 많아 복잡하다. 정말 이른 시간에 와야 주차장에 들어갈 수 있을 것 같다.

모레인 호수 앞에 있는 돌무덤 위에 올라갔다. 호수가 무척 아름답다. 뒤에 일곱 개의 산봉우리들이 우뚝 솟아 있다. 캐나다 화폐 20불짜리에 나오는 사진과 비교해 보니 정말 똑같은 모습이다. 짙푸른 빛깔의 모레인 호수가 아침 햇살을 받아 찬란히 빛나고 암봉과 어울려 아름다운 한 폭의 그림이다. 아침 햇살에 비치는 호수를 바라보며 힘들게 들어올 만한 가치가 있다는 생각이 든다.

모레인 호수

캐나다 20불짜리 화폐

셔틀버스는 주차장으로 돌아가는 시간이 정해져 있어 호수를 구경하는 시간이 너무나 짧다. 호수의 빼어난 경관을 잠시 보고 나오려니 무척 아쉽다.

모레인 호수 관광을 마치고 레이크 루이스를 떠나 쿠트니 국립 공원(Kootenay National Park)으로 향하였다.

쿠트니 국립 공원은 밴프의 남서쪽에 위치하고 있으며 울창한 숲과 섬세하게 조각한 듯 한 협곡, 군데군데 자리한 온천 등 아기자기한 매력이 넘쳐나는 곳이나 대중교통이 전혀 없어 렌터카 없이는 갈 수 없다.

오전 11시경 쿠트니 국립 공원에 있는 마블 협곡(Marble Canyon)에 도착하였다. 산에 있는 나무들이 화재로 모두 죽었다. 2003년 여름 40일간 타오른 화재로 쿠트니 국립 공원의 12%에 해당하는 170km$^2$의 삼림이 타 버렸다는 안내판이 세워져 있다. 정말 너무나 안타까운 모습이다.

화재로 타 버린 삼림

산책로를 따라 들어가니 깊은 바위 사이로 형성된 계곡에 많은 물이 넘쳐 흐른다. 바위 사이에 깊게 패인 협곡이다.

마블 협곡 주변에는 화재로 나무들이 타 버린 자리에 어린 나무들이 나서 씩씩하게 자라고 있다. 측백나무나 전나무 종류의 침엽수가 삼림을 이루고 있는 모습만 보였는데 여기는 주변이 모두 소나무로 덮여 있다.

마블 협곡

씩씩하게 자라고 있는 어린 나무들

페인트 팟 안내판

마블 협곡을 보고 남쪽으로 3km 정도 떨어져 있는 페인트 팟에 도착하였다.

페인트 팟(Paint Pots)은 온천수가 주변 지대를 붉게 물들이고 있는 곳으로 원주민들과 20세기 초 캘거리의 염료 공장에서 이 흙을 염색 원료로 사용했다고 한다.

나무가 짙게 우거진 산책로를 따라 들어가니 쿠트니강이 나온다. 강물 위에 설치해 놓은 다리를 건너고 20여 분을 더 진행하니 붉게 물든 흙이 보인다. 조그만 연못이 있는 주변까지 모두 붉은 빛이다.

페인트 팟

오후에는 93번 도로 밴프-윈드미어하이웨이(Banff-Windermere Hwy)를 따라 남쪽으로 70여 km 떨어져 있는 싱클레어 협곡과 올리브 호수(Sinclair Canyon&Olive Lake)를 관광하려고 하였으나 그 부근에 화재가 발생하여 밴프-윈드미어하이웨이(Banff-Windermere Hwy)를 모두 막아 놓았다. 싱클레어 협곡과 올리브 호수를 구경하고 라듐 온천이 있는 곳에서 숙박을 하려고 예약했는데 그쪽 방향의 길을 통제해 버리니 난감하다.

운행이 통제된 밴프-윈드미어하이웨이

싱클레어 협곡과 올리브 호수(Sinclair Canyon&Olive Lake)는 관광을 포기하고 오늘 숙박을 예약한 라듐 온천 지역으로 가기로 하였다. 어제 숙박을 하였던 Golden까지 되돌아가야 한다. 1번 도로 트랜스캐나다하이웨이(Trans Canada Hwy)와 95번 도로(Hwy 95)를 따라가야 하므로 예정된 거리보다 100km 이상을 더 돌아가는 길이다. 일정이 바뀌게 되니 마음만 급하다.

오후 7시 20분경 라듐 온천 (Radium Hot Springs) 관광 안내소에 도착하였다. 부근에는 상가가 많이 조성되어 있고 사람들의 왕래도 많은 제법 큰 도시다. 조그만 공원에 커다란 염소상이 세워져 있다.

주변에는 염소 몇 마리가 사람들을 두려워하지 않고 마을을 돌아다니며 풀을 뜯고 있다. 산에 나무들이 많이 우거져 산 짐승들이 도로에도 자주 나오는 것을 보면서 자연을 그대로 간직하고 있는 정말 넓고 큰 캐나다를 느끼게 된다.

저녁을 먹고 라듐 온천(Radium Hot Springs)에 갔다. 이 온천은 캐나다에서 가장 큰 야외온천으로 신경통, 만성 위염, 고혈압 등에 좋다는 라듐이 함유된 온천이다. 오후 11시까지 영업을 하고 있는데 10시가 넘은 시간인데도 사람들이 제법 많다. 야외 온천장이 넓게 만들어져 있고 온천물도 따뜻하여 하루의 피로를 풀 수 있는 좋은 시간이었다.

라듐 온천장 입구

# DAY 22 밴프 Banff
## 2018. 8. 8(수)

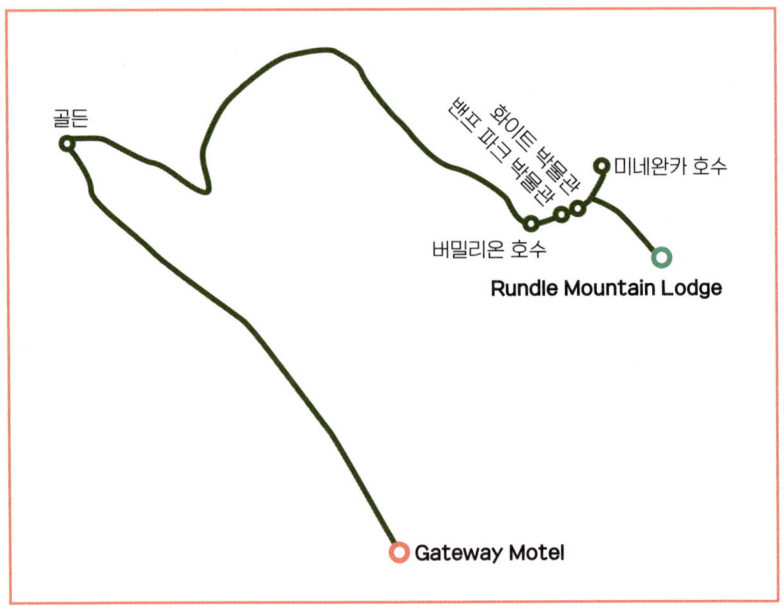

### 🚗 관광지별 이동 거리

Gateway Motel(103.0km) ➡ 골든(148.0km) ➡ 미네완카 호수(11.0km) ➡ 화이트 박물관(1.0km) ➡ 밴프 파크 박물관(4.0km) ➡ 버밀리온 호수(24.0km) ➡ Rundle Mountain Lodge

계: 291.0km

## 🗒️ 여행기

오늘은 로키 최고의 아름다움을 자랑하는 밴프 국립 공원으로 이동한다. 밴프 국립 공원의 호수 중 가장 많은 저수량을 가지고 있는 미네완카 호수를 둘러보고 화이트 박물관과 밴프 파크 박물관을 관광하는 일정이다.

어제는 쿠트니 국립 공원에 화재가 발생하여 페인트 팟(Paint Pots)에서 Golden을 경유해서 100km 이상을 돌아 라듐 온천(Radium Hot Springs)으로 갔었다. 오늘은 밴프로 직접 갈 수 있는 93번 도로 밴프-윈드미어하이웨이(Banff-Windermere Hwy)가 뚫렸을지 궁금하다.

오전 9시 모텔을 출발하여 밴프로 가는 93번 도로에 접어들었다. 도로 관리 사무소를 지나자 웅장한 바위 사이로 도로가 이어진다. 도로 좌우로 굉장한 규모의 바위산이 솟아 있다.

바위 사이로 난 도로

라듐 온천 앞에 이르니 도로를 통제하고 있다. 어제 이곳으로 올 때와 같이 Golden으로 되돌아가야 한다. 예정된 거리보다 100km 이상을 더 돌아서 밴프 국립 공원으로 갔다.

밴프 국립 공원은 로키 최고의 아름다움을 자랑하는 공원으로 전 세계인들이 한 번쯤 가 보고 싶어 하는 관광명소이다. 1883년 캐나다 퍼시픽 철도를 건설 중이던 인부가 실수로 로키산맥의 동쪽 비탈에서 떨어져 온천이 흐르던 동굴의 발견에서 시작되었다. 이곳은 캐나다 최초인 동시에 세계에서 세 번째로 조성된 국립 공원이다. 6,641평방 km에 이르는 광대한 면적에 계곡과 산, 빙하, 숲, 초원, 강이 펼쳐져 있다.

12시경 밴프 국립 공원에 있는 미네완카 호수에 도착하였다.

미네완카 호수

미네완카 호수(Lake Minnewanka)는 밴프 국립 공원의 호수 중 가장 많은 저수량을 보유하고 있으며 호수 명칭은 '죽은 자들의 영혼이 만나는 곳'이라는 뜻이다. 이 호수는 로키의 빼어난 경관을 볼 수 있어 사진작가들과 낚시 애호가들에게 인기가 있는 곳이다.

호수가 무척 크고 물이 참으로 맑다. 넓게 펼쳐진 호수에서 유람선과 보트를 타는 사람들로 복잡하다. 해는 밝게 떠 있으나 안개가 조금 끼어 호수 건너편에 있는 산봉우리가 흐릿하게 보인다.

호수 안에 있는 유람선 선착장으로 들어가니 호수를 감상할 수 있도록 빨간 의자가 놓여 있다. 잠시나마 한가한 마음으로 잔잔한 호수와 어울린 주변의 웅장한 산들을 감상하였다.

호수와 어울린 웅장한 산들

미네완카 호수 관광을 마치고 15km 정도 떨어져 있는 밴프 시내로 접어들었다. 시내로 들어가는 입구에 'Banff'라고 쓴 상징물이 서 있고 많은 사람들이 기념 촬영을 하고 있다.

밴프 기념 촬영 장소

밴프 시내로 들어가니 사람들도 많고 차량들도 많아 무척 활기찬 도시라는 느낌이 든다. 시내 중심부에 있는 화이트 박물관에 도착하였다.

화이트 박물관(Whyte Museum of Canadian Rockies)은 사진과 그림으로 캐나디안 로키 지역의 특징과 자연을 소개하는 박물관이다.

화이트 박물관 주변으로 음식점과 각종 상가가 이어지고 사람들도 무척 많다.

화이트 박물관

오후 1시 반경 관광 안내소를 방문하였다. 안내소 건물이 아담하게 지어져 있고 안에는 여러 사람들이 근무하고 있는데 관광객들은 적어 한가하다.

관광 안내소

관광 안내소 건너편에 Sundance Mall이 있는데 상가 건물 안에 한식당 '서울옥'이 있다. 여기서 꼬리곰탕으로 점심 식사를 하였다. 음식이 한국 그대로의 맛을 느낄 수 있어 즐거운 식사시간이었다.

Sundance Mall

식사 후 밴프 파크 박물관(Banff Park Museum Natioal Historic Site)을 보러 갔다.

밴프 파크 박물관은 1903년에 지어진 서부 캐나다 지역에서 가장 오래된 박물관으로 8종의 포유류, 259종의 거북, 57종의 수림 견본, 201종의 광물 견본이 전시되어 있는 곳이다.

밴프 파크 박물관은 사각형의 3층으로 된 목조 건물로 입구에 동물 박제의 모습이 보인다. 안에는 각종 동물과 새들의 박제가 많이 전시되어 있다.

밴프 파크 박물관

밴프 파크 박물관을 보고 10분 거리에 있는 버밀리온 호수로 갔다. 버밀리온 호수(Vermilion Lakes)는 '주홍색'이라는 뜻을 가진 호수다. 호수에 물이 많지 않으나 호수의 규모는 커 보인다. 호수 건너 높이 솟아 있는 산이 크게 보인다.

버밀리온 호수

관광을 마치고 캔모어에 있는 Rundle Mountain Lodge에 도착하여 하루의 일정을 마쳤다.

## 밴프 Banff
### 2018. 8. 9(목)

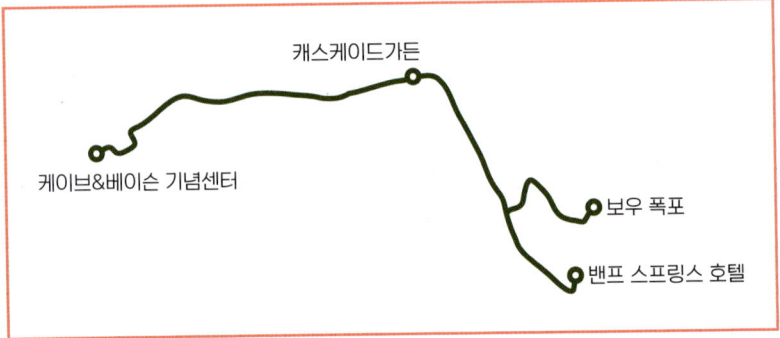

### 🚗 관광지별 이동 거리

Rundle Mountain Lodge(26.3km) ➡ 케이브&베이슨 기념센터(1.6km)
➡ 캐스케이드가든(1.1km) ➡ 밴프 스프링스 호텔(0.9km)
➡ 보우 폭포(25.4km) ➡ Rundle Mountain Lodge

계: 55.3km

## 🎫 여행기

오늘은 동굴 속 온천인 케이브&베이슨 기념 센터를 방문하고 아름다운 꽃의 향연이 펼쳐지는 캐스케이드가든과 거대한 성과 같은 밴프 스프링스 호텔을 구경한 후 영화 〈돌아오지 않는 강〉의 배경이 되었던 보우 폭포를 둘러보는 일정이다.

오전 9시 반경 캔모어에 있는 롯지를 출발하여 보우강(Bow River) 옆에 있는 케이브&베이슨 기념 센터(Cave&Basin National Historic Site)에 도착하였다. 관광 안내소 앞에는 각 도시까지의 거리를 나타내는 표시목이 크게 만들어져 있다.

도시 간의 거리 표시목

보도를 따라 조금 들어가니 고성을 연상시키는 기념 센터 건물이 나온다.

케이브&베이슨 기념 센터

기념 센터 안에는 새와 동물들의 사진을 전시한 야외 전시관이 있고, 하나의 전시실에서는 자연과 같이 살고 있던 옛날 사람들의 영상을 보여 주고 있다.

터널같이 만들어진 동굴 입구를 따라 동굴 안으로 들어가니 둥그런 탕에 파란색의 온천물이 가득하고 조그맣게 뚫려 있는 천장으로 밝은 빛이 비치고 있다.

야외 전시관

동굴 온천

오전 11시경 캐스케이드가든(Cascade Gardens)에 도착하였다. 이 정원은 아름다운 꽃의 향연과 캐스케이드산의 우람한 모습을 볼 수 있어 사진촬영의 명소로 알려진 곳이다. 조그마한 호수 주변으로 갖가지 꽃들을 아름답게 심어 놓았고 밴프 타운과 거대한 캐스케이드산이 한눈에 들어온다.

캐스케이드가든 1

언덕 위에 있는 정원에도 각종 꽃들을 많이 심어 놓아 무척 아름답다. 많은 사람들이 한가롭게 꽃들의 향연을 즐기고 있다.

**캐스케이드가든 2**

오후에는 밴프 스프링스 호텔을 구경하였다. 호텔은 마치 거대한 성과 같이 웅장해 보인다.

밴프 스프링스 호텔은 1888년 문을 연 역사적인 호텔로 국립 문화 보호지로 지정되었으며 마차를 타고 보우강을 따라 주변을 돌아보는 투어의 시작지이다.

밴프 스프링스 호텔 1

로비가 화려하게 꾸며져 있고 많은 사람들로 북적인다. 1층에는 여러 가지 상점들이 이어져 있고 야외 수영장에서는 많은 사람들이 한가롭게 일광욕을 즐기고 있다.

밴프 스프링스 호텔 2

밴프 스프링스 호텔을 보고 보우 폭포(Bow Falls)를 관광하였다. 여기는 마릴린 먼로 주연의 영화 〈돌아오지 않는 강(River of No Return, 1954년 작)〉의 배경이 된 곳이다.

폭포의 높이는 얼마 되지 아니하나 폭은 상당히 넓어 하얀 물결이 넘쳐 흐른다. 주변에는 가족과 나들이를 나온 사람들로 북적이고 많은 사람들이 물놀이와 레프팅을 하고 있어 무척 활기찬 모습이다. 시원한 폭포를 바라보며 한가한 오후의 시간을 즐겼다.

보우 폭포

# 밴프 Banff

2018. 8. 10(금)

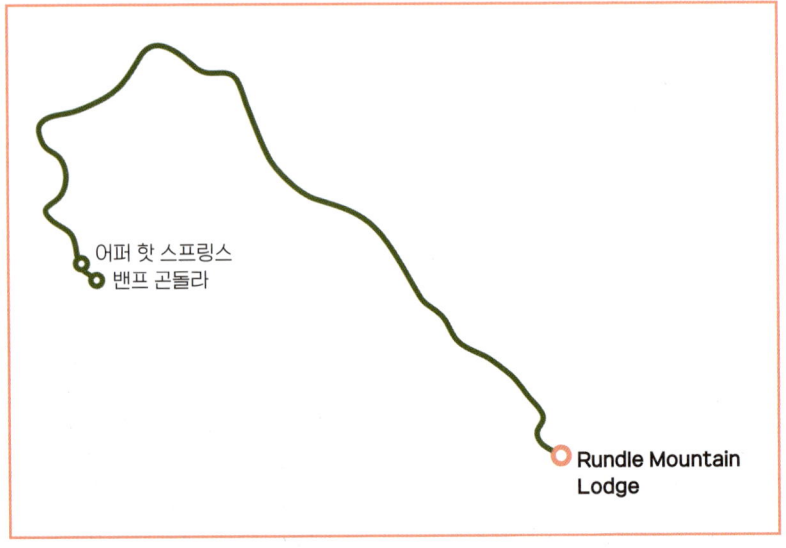

## 🚗 관광지별 이동 거리

Rundle Mountain Lodge(28.4km) ➡ 밴프 곤돌라(0.1km) ➡ 어퍼 핫 스프링스(27.8km) ➡ Rundle Mountain Lodge

계: 56.3km

## 📕 여행기

오늘은 곤돌라를 타고 설퍼산에 올라가 아름다운 밴프 시내와 로키 지역의 장관을 조망하고, 어퍼 핫 스프링스에서 온천욕을 하는 일정이다.

아침 8시 40분경 호텔을 출발하여 밴프(Banff) 시내에 있는 밴프 곤돌라(Sulphur Mountain&Banff Gondola) 탑승장에 도착하였다. 여기서 설퍼산(Sulphur Mountain)에 올라가는 곤돌라를 타게 되는데 주변이 너무 어둠침침하다.

곤돌라 탑승장

밴프 곤돌라는 해발 2,281m에 있는 설퍼산 전망대까지 올라간다. 전망대에서는 밴프 시가지와 멀리 로키 지역의 장관도 보이며 정상 샌슨스 피크(Sanson's Peak, 해발 2,4432m)까지 산책로가 닦여 있다.

곤돌라 탑승장 주변은 흐릿하여 시야가 거의 없다. 쿠트니 국립 공원에서 발생한 산불로 연기가 하늘을 뒤덮어 해는 떴으나 주변이 어둡다. 설퍼 산에 올라가도 흰 연기 외에는 아무것도 보이지 않을 정도로 하늘이 뿌옇게 보여 곤돌라 탑승을 포기하였다. 화재 때문에 설퍼산의 장엄함을 보지 못하여 아쉽다.

곤돌라 탑승장 주변에 있는 어퍼 핫 스프링스(Uper Hot Springs)로 갔다. 설퍼 산의 중턱에 자리한 유황 온천이다. 온천장 올라가는 입구에는 아치가 세워져 있다.

온천장 올라가는 입구

온천장에 도착하니 유황 냄새가 물씬 풍긴다. 아담하게 2층으로 지어진 온천장 건물이 보인다.

온천장 건물

야외에 있는 온천탕에는 사람들이 많지 않고 온천물의 온도가 따뜻하여 좋다. 설퍼산의 장관은 보지 못하였지만 오랜만에 따뜻한 온천탕에서 일광욕을 하며 한가한 시간을 보내고 나니 피로가 풀리는 것 같다.

DAY 25

# 캘거리 Calgary
2018. 8. 11(토)

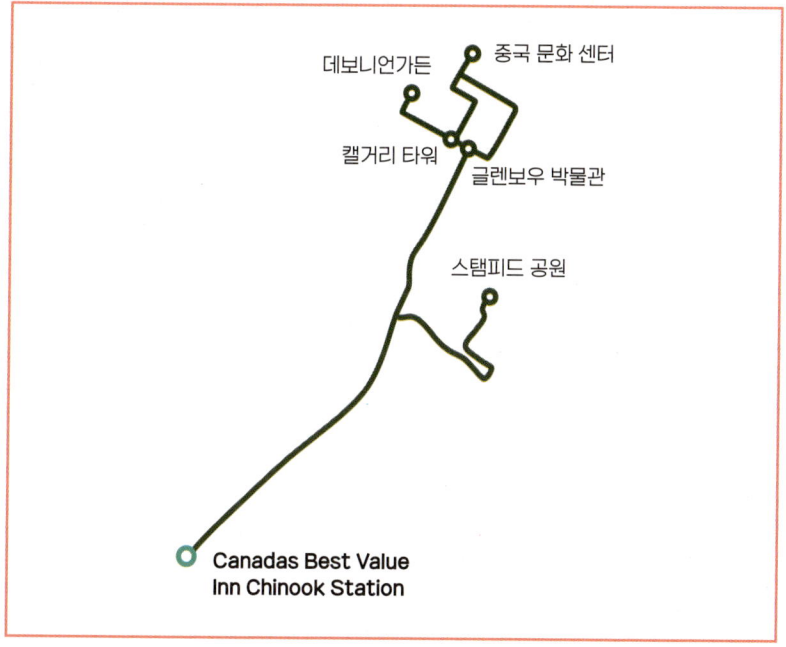

## 🚗 관광지별 이동 거리

Rundle Mountain Lodge(104.0km) ➡ 데보니언가든(0.7km)
➡ 캘거리 타워(1.6km) ➡ 중국 문화 센터(1.0km)
➡ 글렌보우 박물관(1.1km) ➡ 스탬피드 공원(4.0km)
➡ Canadas Best Value Inn Chinook Station

계: 112.4km

## 여행기

오늘은 밴프를 떠나 캘거리로 이동한다. 캘거리에 도착하여 쇼핑거리 스티븐 애버뉴 워크를 관광하고, 캘거리 타워 전망대에 올라 캘거리 시내의 모습과 멀리 드넓은 평원을 조망한다. 그리고 캘거리의 대표적인 축제 스탬피드 경기가 열리는 스탬피드 공원을 관광하는 일정이다.

캘거리는 캐나다 제5의 도시로 영화 〈슈퍼맨(Superman)〉의 촬영지이고 석유의 도시이다. 1988년 동계 올림픽을 개최한 앨버타주 남부의 중심 도시이며 서쪽으로 로키 산맥이 있고 동쪽으로 드넓은 대평원이 펼쳐져 있어 도심 번화가보다 근교 여러 관광지들이 더욱 매력적인 곳이다.

아침에 일어나 보니 하늘이 어제보다 더 뿌옇고 주변 산들이 흐릿하게 보인다. 매캐한 냄새가 나는 것을 보니 산불이 아직도 진화되지 못하고 더 타고 있는 것 같다. 잘 자란 나무들이 불에 타고 있는 것이 안타깝다.

아침 7시 50분 호텔을 출발하였다. 하늘은 더욱 뿌옇고 주변의 산조차 거의 보이지 않는다. 캘거리로 이동하는 1번 도로 Trans-Canada Hwy에는 차량이 적어 한가하고 쭉 뻗어 있는 고속도로가 시원스럽다.

오전 9시 30분경 캘거리에 있는 스티븐 애버뉴 워크(Stephen Ave. Walk)에 도착하였다. 바람이 세차게 불어 두꺼운 점퍼를 입었는데도 춥다. 여름이라고 느껴지지 않는 날씨다.

스티븐 애버뉴 거리

스티븐 애버뉴 워크(Stephen Ave. Walk)는 캘거리 다운타운의 중심인 에이트스 애버뉴(8th Ave.), 서드 스트리트(3rd St.)와 센터 스트리트(Centre St.) 사이에 형성되어 있는 보행자 전용 도로로 기념품점과 음식점, 노점 등이 성업 중인 쇼핑 거리다.

스티븐 에버뉴 거리에는 상가가 아직 문을 열지 않아 한적하나 거리에는 꽃으로 예쁘게 단장을 해 놓아 참 아름답다.

보행자 도로에 두 사람이 정답게 대화를 나누고 있는 모습의 동상이 세워져 있다.

대화를 나누고 있는 모습의 동상

스티븐 애버뉴 북쪽에 커다란 아치 아래 'TD 스퀘어(TD Square)'가 나온다. 종합 쇼핑몰(Core Shopping Centre)이 있는 큰 빌딩이다.

스티븐 애버뉴 거리

4층에 있는 데보니언가든(Devonian Gardens)에 올라갔다. 데보니언가든은 총 넓이가 1ha에 달하며 150종의 지역 식물 2만여 수가 식재되어 있다고 한다. 가든에는 큰 나무들을 구획별로 나누어 가꾸어 놓았다.

넓은 공간에 다양하게 나무와 꽃들을 잘 가꾸어 놓았고 어린이 놀이터도 만들어 놓아 시민의 휴식 공간으로 큰 역할을 하고 있는 것이 느껴진다.

데보니언가든

캘거리 타워

데보니언가든을 구경하고 스티븐 애버뉴 거리의 입구에서 서쪽 방향에 있는 캘거리 타워(Calgary Tower)를 관광하였다.

캘거리 타워는 191m 꼭대기에 전망대가 있다. 전망대에서는 멀리 드넓은 평원까지 보인다고 하는데 오늘은 쿠트니 국립 공원의 화재로 하늘이 뿌옇게 흐려 멀리 보이는 경치는 흐릿하다. 한쪽에는 바닥을 유리로 깔아 놓아 아래에 있는 건물들이 내려다보여 아찔하다.

캘거리 시내의 모습

오후에는 중국 문화 센터(Chinese Cultural Centre)를 방문하였다. 이 건물은 1993년 중국 천단 공원을 모델로 만들어졌다고 하며 지붕이 원형으로 특이하게 만들어져 있어 멀리서도 잘 보인다.

건물의 입구로 들어서자 높은 천장에 화려한 중국 문양을 장식한 돔이 보인다. 천장의 높이가 21m라고 하며 돔을 바치고 있는 커다란 4개의 기둥에는 사계절을 의미하는 조각이 아름답게 새겨져 있다.

중국 문화 센터에서 멀지 않은 곳에 있는 글렌보우 박물관(Glenbow Museum)을 관람하였다. 캐나다 서부에서 가장 큰 박물관으로 캐나다와 유럽의 미술 작품과 캐나다 원주민들의 유물, 개척 시대 이민자들의 생활용품 등 캐나다의 역사를 이해할 수 있는 전시품을 많이 전시하고 있는 곳이다.

현관에 유리로 만든 James Houston의 작품이 보인다. 이 작품은 천정까지 연결되어 있는 매우 큰 작품으로 30분마다 불이 들어와 황홀하게 빛난다.

James Houston의 작품

캘거리 다운타운의 남동쪽에 있는 스탬피드 공원(Stampede Park)을 관광하였다. 이곳은 매년 7월 둘째 주에 스탬피드가 열리는 곳이다.

스탬피드는 매년 7월 둘째 주에서 10일간 스탬피드 공원에서 열리는 캘거리의 대표적인 축제로 10만 달러의 상금을 걸고 성난 소나 말 위에서 오래 버티기를 하는 경기다.

공원으로 들어가는 입구에는 STAMPEDE PARK 입간판이 크게 세워져 있고 옛날에 사용하던 인력거와 금광에서 사용하던 모래 채취선 같은 것도 전시되어 있다.

공원 입구에 전시되어 있는 작품

경기장 앞에는 말을 타고 달리는 사나이의 힘찬 역동성을 보여 주는 조각이 세워져 있다.

말을 타고 달리는 사람의 조각상

경기장은 무척 크고 많은 좌석이 배치되어 있는데 지금은 축제가 끝나 사람 하나 없이 조용한 모습이다.

스탬피드 경기장

# DAY 26 드럼헬러 Drumheller
2018. 8. 12(일)

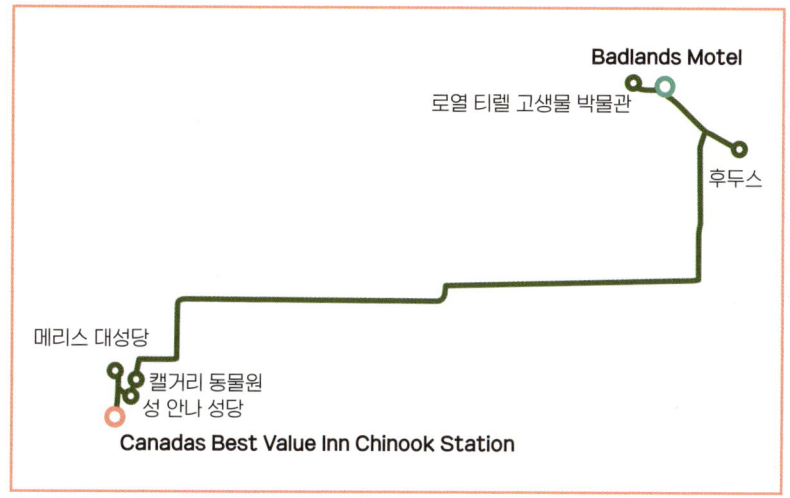

### 🚗 관광지별 이동 거리

Canadas Best Value Inn Chinook Station(4.5km)
➡ 메리스 대성당(2.7km) ➡ 성 안나 성당(3.1km) ➡ 캘거리 동물원(144.7km)
➡ 후두스(23.0km) ➡ 로열 티렐 고생물 박물관(5.0km) ➡ Badlands Motel

계: 183.0km

## 🔖 여행기

St. 메리스 대성당

오늘은 캐나다에서 두 번째로 큰 캘거리 동물원을 관광하고 드럼헬러로 이동하여 수천 년에 걸쳐 만들어진 후두스의 대자연을 감상한다. 그리고 세계 최대 규모의 공룡 박물관 로열 티렐 고생물 박물관을 관광하는 일정이다.

아침 8시 10분 호텔을 출발하여 St. 메리스 대성당(St. Mary's Cathedral)에 가서 주일 미사에 참례하였다. 이 성당은 주교좌성당으로 성당의 규모가 무척 크고 신자들도 많다. 주교님이 직접 미사를 집전하시는데 아주 격식 있고 장엄한 미사가 이루어진다.

미사를 마치고 부근에 있는 한인 성당인 성 안나 성당(St Anne's Parish)에 들렀다. 성당은 크지 않으나 설립한 지 100년이 되었으며 여기에 다섯 성인의 유해가 모셔져 있다고 한다. 신자수도 많아 1,000여 명이라고 한다. 오랜만에 한국 교민들을 만나 정담을 나누었다.

성 안나 성당

성 안나 성당을 둘러보고 보우강의 세인트 조지 섬(St. George Osland)에 있는 캘거리 동물원(Calgary Zoo)에 도착하였다.

캘거리 동물원 입구

캘거리 동물원은 캐나다에서 두 번째로 큰 동물원으로 1,200마리의 동물과 20여 구의 실제 공룡 크기의 모형이 전시되어 있다. 타원형의 조형물에 여러 가지 동물의 모양을 만들어 붙어 놓아 이색적이다. 일요일이라 가족과 같이 나들이 나온 사람들이 무척 많다.

타원형의 조형물

캘거리를 떠나 드럼헬러(Drumheller)에 있는 후두스(Hoodoos)로 향하였다. 후두스까지 144km의 거리다.

**드럼헬러(Drumheller)는 배드랜드의 중심인 레드 디어 리버 밸리(Red Deer River valley)에 있는 인구 8,000명의 작은 도시다. 배드랜드(Badland)는 1억 년 전 공룡의 서식지로 바위와 모래뿐인 황량한 대평원이다.**

캘거리를 떠나 1시간 정도 달리니 도심을 벗어나 드넓은 평원이 펼쳐진다. 넓은 벌판에 누렇게 익은 밀밭과 푸른 초원이 이어지고 쭉 뻗은 9번 도로에는 이따금 차량 한 대씩 지나간다.

초원 가운데로 뻗어 있는 9번 도로

황량한 들판을 지나자 주름처럼 갈라진 메마른 땅에 솟아오른 언덕들이 나타난다. 오랜 세월에 걸친 빙하와 폭우의 침식 작용으로 형성된 땅이다. 이 일대의 지층은 약 7,000만 년 전의 것으로 추정되고, 이미 발견된 공룡 화석만도 수십만 점에 이른다고 한다.

오후 2시경 후두스(Hoodoos)에 도착하였다.

후두스는 드럼헬러에서 15km 떨어진 10번 고속도로에 위치해 있는데 언덕 위에 봉긋한 바위들이 올라앉아 있다. 수천 년에 걸쳐 비와 바람이 만들어 낸 어마어마한 대자연의 작품으로 최고의 사진 촬영 장소이다.

주차장에는 차량이 만원이고 언덕 위에 올라앉아 있는 기묘한 모양의 바위 앞에서 많은 사람들이 사진을 찍고 있다.

언덕 위의 바위

산봉우리 정상에 올라갔다. 정상까지 오르내리는 길은 경사가 심하고 미끄러워서 무척 조심스럽다. 정상 위에는 평지가 넓게 이어지고 누렇게 익은 밀밭이 펼쳐져 있으며 절벽 아래로 보이는 계곡은 모두 특이한 형태의 지질 구조를 가지고 있다.

기묘하게 생긴 바위들

후두스 관광을 마치고 드럼헬러 다운타운으로 향하였다. 황량한 벌판을 달린다. 도롯가에 있는 산에도 나무가 없어 황량한 모습이다.

황량한 도로와 산

거대한 공룡의 모형

드럼헬러 다운타운에 있는 관광 안내소에 도착하였다. 안내소 앞에 세워져 있는 커다란 공룡은 높이가 26m로 세계에서 가장 크다고 한다. 어린 아이들이 공룡의 발 위에 올라가 놀고 있다.

로열 티렐 고생물 박물관(Royal Tyrrell Museum of Palaeontology)을 관광하러 갔다. 관광 안내소에서 7km 정도 떨어져 있는데 로열 티렐 고생물 박물관까지 오가는 투어를 운영하고 있다.

**박물관은 미들랜드 주립 공원(Midland Provincial Park)에 있다. 세계 최대 규모의 공룡 박물관으로 거대한 티라노사우루스부터 공룡이 날개가 있었음을 증명하는 날아다니는 거북까지 지구상에서 중요한 의미를 지닌 수천여 개의 화석이 실제에 가까운 형상으로 전시되어 있다.**

박물관은 일요일이라 관람객이 무척 많아 복잡하고 박물관 앞에는 공룡의 조형물이 세워져 있다. 곧 사람에게라도 달려들 것 같이 정교한 모습이다.

로열 티렐 고생물 박물관

박물관 앞에 있는 조그만 산봉우리에 전망대가 있다. 전망대에서는 바윗덩어리의 산봉우리와 황량한 평원이 한눈에 내려다보인다. 어디선가 갑자기 옛날 공룡의 흔적이라도 불쑥 나타날 것 같다.

**바윗덩어리의 산봉우리**

오늘은 과거로 돌아간 듯 황량한 벌판과 기이하게 서 있는 후두스의 모습을 보고 거대한 공룡의 세계를 가까이에서 느껴 본 하루였다.

# 드럼헬러 Drumheller
2018. 8. 13(월)

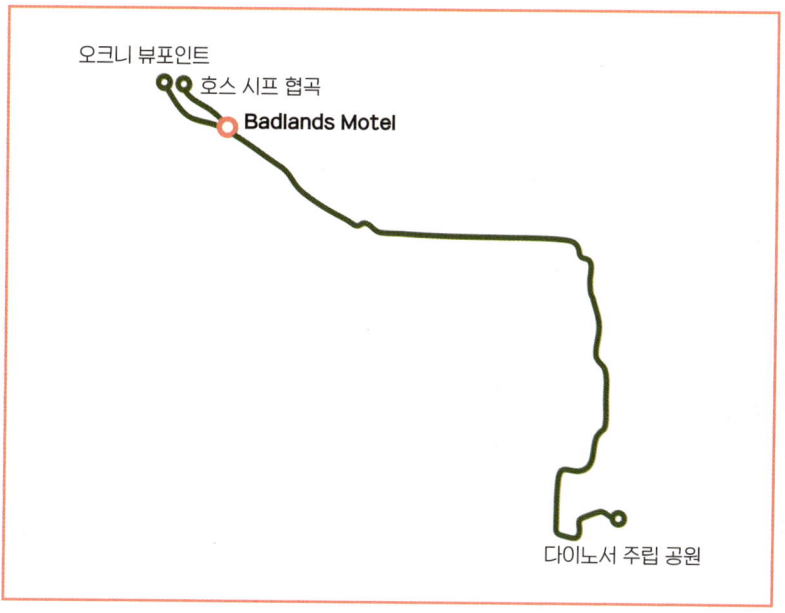

### 🚗 관광지별 이동 거리

Badlands Motel(170.0km) ➡ 다이노서 주립 공원(186.0km)
➡ 호스 시프 협곡(34.0km) ➡ 오크니 뷰포인트(23.0km)
➡ Badlands Motel

계: 413.0km

## 🔖 여행기

오늘은 유네스코가 세계 문화유산으로 지정한 세계 최대의 공룡 발굴지인 다이노서 주립 공원을 관광한다. 그리고 드럼헬러 다운타운에 있는 호스 시프 협곡과 오크니 뷰포인트를 방문하여 대자연의 웅장한 모습을 느껴보는 일정이다.

아침 8시 모텔을 출발하여 다이노서 주립 공원(Dinosaur Provincial Park)으로 향하였다. 도심을 벗어나서 10번 도로에 접어들었는데 갑자기 내비게이션이 작동하지 않는다. 처음 가는 길이라 당황스러웠으나 한국에 있는 전문가에게 전화를 해서 쉽게 복구할 수가 있었다. 1시간 정도 당황스러운 시간이었다.

다이노서 주립 공원으로 가는 10번 도로와 570번 도로는 차량 하나 없이 한가하다. 누렇게 물든 들판이 나오다가 푸른 초원이 나온다.

오전 11시경 다이노서 주립 공원에 도착하였다. 오늘은 햇볕이 내리쪼이는데도 기온은 15℃로 낮다.

다이노서 주립 공원은 유네스코가 세계 유산으로 지정한 세계 최대의 공룡 발굴지다. 로열 티렐 고생물 박물관에 전시되어 있는 공룡 화석 대부분이 이곳에서 발굴된 것이며 지금도 발굴 작업이 진행되고 있다.

공원 입구에 표지석이 세워져 있고 캐나다 국기가 펄럭이고 있다.

다이노서 주립 공원 표지석

공원은 끝이 보이지 않을 정도로 무척 넓은 대평원이다. 비에 씻기고 남아 있는 기묘한 형태의 모습이 대자연의 신비가 여기에 다 모여 있는 것 같다.

다이노서 주립 공원 1

다이노서 주립 공원 2

관광 안내소 입구에 공룡의 뼈를 그대로 조립해서 복원해 놓은 공룡의 모형이 걸려 있고 기념품점에는 화석과 이 지역에서 출토된 돌을 다듬어 만든 기념품들을 판매하고 있다.

공룡 모형

자동차로 돌아볼 수 있는 비포장도로를 한 바퀴 돌았다. 언덕 위에 관광객들이 올라가 있는 모습이 보인다.

관광객들의 모습

공룡의 발굴 모습을 그대로 전시해 놓은 전시관에는 공룡의 크기를 짐작할 수 있을 정도로 화석화된 공룡의 뼈가 그대로 아주 잘 보존되어 있다.

화석화 된 공룡의 뼈

다이노서 주립 공원을 관광하고 다시 180여 km를 달려 드럼헬러(Drumheller) 다운타운으로 돌아간다. 들판에 있는 소들의 한가한 모습을 보며 푸르고 누런 들판을 지루한 줄 모르고 달렸다.

들판에 있는 소들의 한가한 모습

드럼헬러 다운타운에 있는 호스 시프 협곡(Horse Thief Canyon)을 보러 갔다. 밀밭 한가운데에서 석유를 시추하는 시추선이 보인다.

석유 시추선

오후 3시경 호스 시프 협곡(Horse Thief Canyon)에 도착하였다. 훼손되지 않은 대자연이 웅장하고 아름답게 펼쳐진다. 갖가지 모양의 봉우리들이 서로 모양을 뽐내며 오랜 세월 동안 깎여서 다듬어진 모습 그대로를 보여 준다.

호스 시프 협곡

호스 시프 협곡을 둘러보고 오크니 뷰포인트(Orkney Viewpoint)로 향하였다. 오크니 뷰포인트는 레드 디어강(Red Deer River) 건너편에 있는데 강을 건너는 다리가 없어 다운타운으로 돌아서 오크니 뷰포인트에 도착하였다.

오크니 뷰포인트 입구

오크니 뷰포인트는 레드 디어강 강변에 있는 전망대인데 호스 시프 협곡과는 또 다른 정취를 느끼게 한다. 레드 디어강을 따라 이어지는 자연의 모습들이 조용히 흐르는 강물과 어울려 참으로 아름답다.

**레드 디어강 강변의 풍광**

관광을 마치고 Badlands Motel에 도착했다. 한국 사람이 운영하는 곳으로 한국에서 왔다고 좋은 방을 배정해 주었다고 하면서 아주 친절하게 대해 준다. 방도 깨끗하고 부엌도 갖추어져 있어 마켓에서 소고기를 사다가 오븐(Oven)에 구워서 저녁 식사를 하였다. 앨버타 소고기는 가격도 싸고 질이 아주 좋다. 모처럼 행복하고 맛있는 저녁 식사가 되었다.

오늘 하루는 대자연의 신비 속에서 보낸 즐거운 하루였다.

# 에드먼턴 Edmonton
## 2018. 8. 14(화)

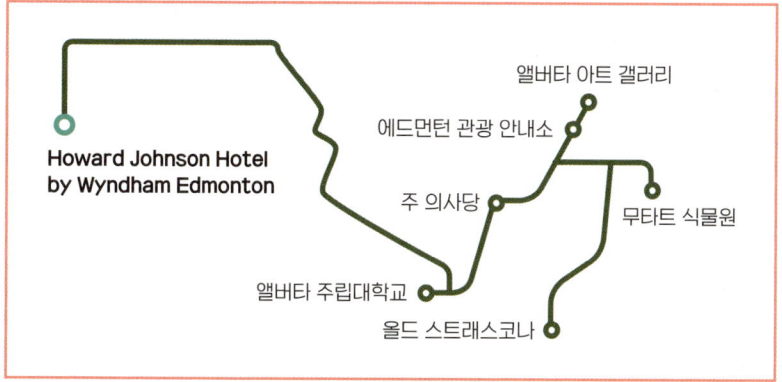

### 관광지별 이동 거리

Badlands Motel(287.0km) ➡ 올드 스트래스코나(3.3km)
➡ 무타트 식물원(2.4km) ➡ 에드먼턴 관광 안내소(0.8km)
➡ 앨버타 아트 갤러리(2.8km) ➡ 주 의사당(2.5km)
➡ 앨버타 주립대학교(6.9km)
➡ Howard Johnson Hotel by Wyndham Edmonton

계: 305.7km

## 🗒 여행기

오늘은 드럼헬러를 떠나 에드먼턴(Edmonton)으로 이동한다. 에드먼턴에서 20세기 초의 건축 양식을 간직하고 있는 올드 스트래스코나를 둘러보고 앨버타 아트 갤러리, 앨버타주 의사당, 앨버타 주립대학교를 방문하는 일정이다.

아침 8시 모텔을 출발하였다. 모텔의 안주인께서 길을 가면서 먹으라고 샌드위치(Sandwich)를 만들어 주신다. 한국인의 정을 듬뿍 받고 떠나게 되어 너무나 고맙고 기억에 많이 남을 것 같다.

드럼헬러 시가지를 벗어나니 도로에는 차량도 사람도 보이지 않는다. 건초를 말아 놓은 초지가 넓게 펼쳐진다. 에드먼턴은 드럼헬러에서 287km 정도 떨어져 있다.

건초를 말아 놓은 초지

누렇게 익은 밀밭과 푸른 옥수수 밭이 이어지고 끝이 보이지 않을 정도로 곧게 뻗은 고속도로가 펼쳐진다.

옥수수밭

Farm Family Award라는 농장에서 건초를 홍보하려고 만들어 놓은 홍보물이 이채롭다.

건초 홍보 장면

올드 스트래스코나 입구

오전 11시경 에드먼턴의 화이트 애버뉴(Whyte Ave.)에 있는 올드 스트래스코나(Old Strathcona)에 도착하였다.

**에드먼턴(Edmonton)**은 앨버타주의 주도(州都)로 앨버타주의 한가운데에 자리하고 있으며 캐나다에서 여섯 번째로 큰 도시다. 위도가 높아 짧게 끝나는 여름을 기리는 축제가 많아서 '축제의 도시(Festival City)'라고도 부른다.

올드 스트래스코나는 20세기 초의 건축 양식을 간직하고 있는 역사지구로 의류, 다양한 액세서리와 가재도구, 의료용품, 기념품 등을 파는 상가다. 독특한 옷과 의류, 저렴한 음식을 파는 레스토랑, 다양한 액세서리와 기념품점 등을 둘러보는 것만으로도 재미가 있다.

올드 스트래스코나

올드 스트래스코나를 둘러보고 10여 분 거리에 있는 무타트 식물원 (Muttart Conservatory)을 방문하였다. 4개의 유리 피라미드가 솟아 있는 모양이다.

식물원 주변으로 아름답게 꽃을 가꾸어 놓았다. 식물원 안에는 열대 식물(Tropical), 온대 식물(Temperate), 선인장(Arid), 꽃 조각(Show) 등 테마별로 꽃이 심어져 있다. 어린이들도 견학을 와서 아름다운 꽃을 감상하고 있다.

무타트 식물원

식물원

애드먼턴 관광 안내소(Edmonton Tourism Office)에 들렀다. 재스퍼 애버뉴(Jasper Ave.)의 동쪽 끝에 있는 쇼 컨퍼런스 센터(Shaw Conference Centre) 3층에 있는데 다양한 정보지와 지도를 비치하고 있다.

관광 안내소 부근에 있는 앨버타 아트 갤러리(Art Galley of Alberta)를 관람하였다. 아트 갤러리는 곡선의 모양을 살려 건물을 아름답게 지어져 있는데 캐나다 출신 예술가들의 작품 5,000점을 소장하고 있다.

앨버타 아트 갤러리

1층 전시실에는 주택과 현관에 대한 사진들이 전시되어 있고 환경 오염을 경고하는 자연의 오염에 대한 사진도 전시되어 있다.

**환경 오염을 보여 주는 사진**

프랑스의 표현주의 화가 앙리 마티스(Henri Matisse, 1869~1954), 캐나다의 풍경화 화가 James Wilson Morrice(1865~1924)의 작품과 사진 큐레이터 Hubert Hohn(1944~)의 작품도 전시되어 있다.

**Henri Matisse의 작품**

**James Wilson Morrice의 작품**

　소망실에는 많은 사람들의 소망을 적은 글이 적혀 있고, 3층에 있는 영상실에서는 캐나다의 자연에 관한 여러 가지 영상을 보여 주고 있다.

소망의 글을 적어 놓은 소망실

오후 4시 반경 앨버타주 의사당(Alberta Legislature)에 도착하였다. 주 의사당은 1912년에 건축되었으며 노스 서스캐처원강(North Saskatchewan River)을 배경으로 옛날 에드먼턴 요새가 있던 역사적인 의의가 깊은 곳에 지은 웅장한 5층짜리 건물이다. 무척 넓은 대지 위에 거대한 규모의 의사당 건물이 위엄 있게 서 있고 앞에는 분수가 시원스럽게 뿜어 올라오고 있다.

의사당

의사당 안의 중앙 홀은 조그만 분수대와 중앙 계단이 어우러져 아름답다. 원형으로 된 천장에는 동그란 원 안에 야자나무 다섯 그루가 그려져 있다.

중앙 홀

천장의 야자나무 그림

꼭대기 층에서는 중앙 홀 분수대의 독특한 물소리를 들을 수 있다고 하는데 가이드 투어가 끝난 시간이라 꼭대기 층은 올라가지 못하였다.

의사당 건물 뒤편에서는 또 다른 모습의 의사당 건물이 아름답게 보인다.

주 의사당 건물

꺼지지 않는 불

나무가 우거진 정원에는 원통을 합해서 세워 놓은 것 같이 만들어진 기둥 위에 꺼지지 않는 불이 타오르고 있다.

주 의사당 관광을 마치고 캐나다에서 두 번째로 큰 앨버타 주립대학교(University of Alberta)를 방문하였다. 주변 전체가 대학 구내일 정도로 넓고 학교 안을 지나고 있는 대로에는 버스와 차량들이 무척 많이 다니고 도로 양쪽으로 엄청난 규모의 건물들이 들어서 있다. 학생 수가 약 4만 명이라고 한다. 타원형으로 높게 멋을 내어 지어 놓은 Recration 빌딩 앞에는 커다란 'The Alberta Bear' 상이 세워져 있다.

'The Alberta Bear' 상

# 에드먼턴 Edmonton
## 2018. 8. 15(수)

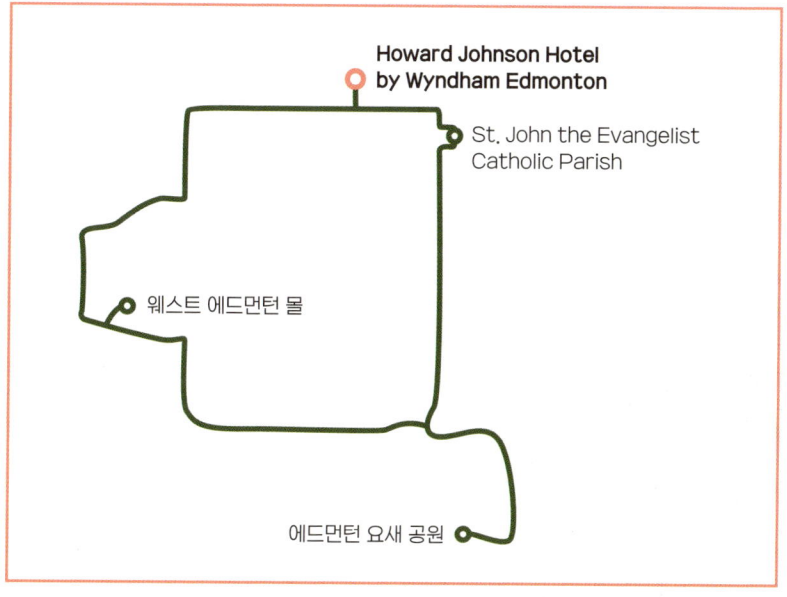

### 🚗 관광지별 이동 거리

Howard Johnson Hotel by Wyndham Edmonton(1.5km)
➡ St. John the Evangelist Catholic Parish(6.3km)
➡ 에드먼턴 요새 공원(6.5km) ➡ 웨스트 에드먼턴 몰(4.9km)
➡ Howard Johnson Hotel by Wyndham Edmonton

계: 19.2km

## 📔 여행기

오늘은 노천 박물관인 에드먼턴 요새 공원을 둘러보고 기네스북(The Guinness Book of Records)에 등재된 세계 최대의 쇼핑몰인 웨스트 에드먼턴 몰을 관광하는 일정이다.

윤곽만 보이는 태양

아침에 일어나 보니 하늘이 온통 잿빛이다. 해는 떴으나 주변이 모두 어둠침침하고 연기 냄새도 난다. 산불 연기 때문에 둥근 태양이 윤곽만 겨우 보인다.

오전 9시 호텔을 출발하여 오늘은 성모님 축일이라 St. John the Evangelist Catholic Parish 성당에 가서 미사에 참례하였다. 한국에서는 모든 신자들이 미사에 참례하는 큰 축일 중 하나인데 여기는 한국과 다르게 성모님 축일을 별도로 지내는 것 같지 않다.

미사를 마치고 다운타운의 남쪽 10km 지점에 있는 에드먼턴 요새 공원(Fort Edmonton Park)에 갔다.

에드먼턴 요새 공원은 노천 역사 박물관으로 허드슨 베이 사가 모피 교역을 시작한 19세기 중반의 모피 교역 시기(Fur Trade Era)와 대륙 횡단 철도가 완성되기 전인 19세기 후반, 대륙 횡단 철도가 완성된 후 성장을 거듭했던 20세기 초, 제2차 세계 대전 후로 역사를 나누어 당시의 모습을 재현해 놓은 민속촌이다.

공원 입구에 도착하니 어린이들과 같이 나들이 나온 사람들이 하나둘 공원 안으로 들어간다. 소형 기차를 타고 공원 끝까지 구경하고 돌아오게 되는데 금년 여름에는 소형 기차 대신 셔틀버스를 운영한다고 한다. 여기에는 한국어로 된 설명서도 준비되어 있다.

공원 안에 소형 기차가 달리는 기찻길과 관광 시설이 보인다.

공원을 순환하는 기찻길

에드먼턴 요새 공원을 둘러보고 웨스트 에드먼턴 몰(West Edmonton Mall)로 이동하였다.

웨스트 에드먼턴 몰은 기네스북에 등재된 세계 최대의 쇼핑몰로 동서 8km, 남북 3km 규모이다. 2층으로 된 건물에 약 800개의 상점과 10개의 쇼핑센터, 2개의 호텔, 5개의 영화관, 110여 개의 음식점, 아이스 링크, 인공 파도 수영장, 테마파크, 카지노 등 많은 위락 시설로 꾸며져 있다.

쇼핑몰 입구에 화려한 옷을 입은 여인상이 세워져 있다.

여인상

쇼핑몰 2층으로 올라가 보니 1층이 모두 내려다보인다. 슈퍼마켓, 의류, 가방, 신발, 화장품, 음식점, 기념품 등 다양한 물건들이 진열되어 있다.

쇼핑몰 내부의 모습

파도 풀장에서는 많은 사람들이 파도타기를 하고, 인공 호수에서는 물개 쇼가 펼쳐진다.

다양한 모양으로 만든 비누 상가의 진열품이 아름답다.

오늘은 산불로 인한 음산한 날씨 때문에 외부 관광은 적당하지 않으나 내부에 있는 쇼핑몰을 구경할 수 있어 다행이다.

물개 쇼

예쁜 모양의 비누 제품들

## 다. 서스캐처원 Saskatchewan

서스캐처원(Saskatchewan)주는 캐나다 중부에 속하는 중앙 대평원 지역으로 넓은 프레리(Prairie) 평야에 드문드문 도시가 형성되어 있고 깨끗한 일자로 된 지평선만 이어진다. 넓은 평원 대부분에 밀밭이 가꿔져 있고 간혹 보이는 건초 더미와 곡물 저장소가 지평선 위에 드물게 서 있는 곳이다.

세금은 연방세 7%, 주세 6%, 숙박세 6%가 부과되며 시차는 한국과 15시간(14시간의 서머 타임)이다. 기온이 가장 높은 달은 7~8월로 25~30℃이다.

# 새스커툰 Saskatoon
2018. 8. 16(목)

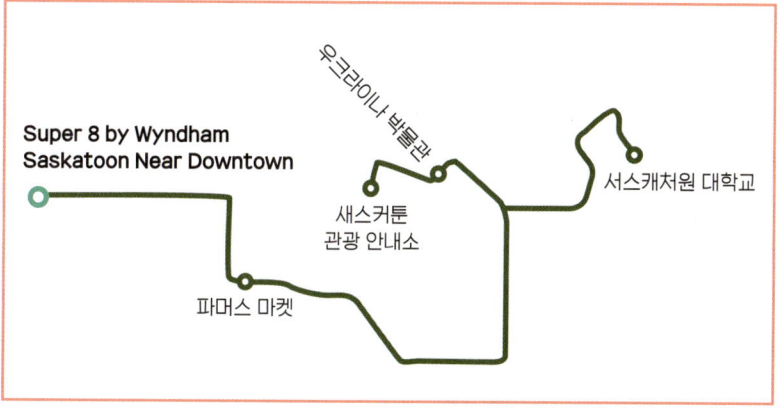

### 🚗 관광지별 이동 거리

Howard Johnson Hotel by Wyndham Edmonton(532.0km)
➡ 새스커툰 관광 안내소(0.6km) ➡ 우크라이나 박물관(2.2km)
➡ 서스캐처원 대학교(4.5km) ➡ 파머스 마켓(1.9km)
➡ Super 8 by Wyndham Saskatoon Near Downtown

계: 541.2km

## 🗒 여행기

오늘은 에드먼턴을 출발하여 532km 떨어진 새스커툰으로 이동한다. 새스커툰에서 우크라이나 사람들의 문화를 느낄 수 있는 우크라이나 박물관과 의대가 유명한 서스캐처원 대학교를 방문하는 일정이다.

연기로 휩싸인 태양

아침 8시 반 호텔을 출발하였다. 하늘은 잿빛으로 어둠이 내리는 저녁 시간과 같이 어둠 컴컴하고 둥근 태양의 윤곽만 보인다.

도심을 벗어나 16번 도로 옐로헤드하이웨이(Yellowhead Hwy)를 달린다. 건초 말이를 해 놓은 초지도 보이고 끝이 보이지 않을 정도로 넓은 들판에 누렇게 잘 익은 밀밭이 이어진다.

밀밭

곧게 뻗은 고속도로에는 가끔 차량 한 대씩만 보이는 정도로 한가하다.

옐로헤드하이웨이

오후 3시 새스커툰 관광 안내소(Tourism Saskatoon Office)에 도착하였다. 여기도 하늘의 해는 보기 힘들다. 캐나다 전체가 산불로 연기에 휩싸여 있는 것 같다. 관광 안내소에서 시내 지도 두 장을 구했다.

새스커툰(Saskatoon)은 과거의 모습과 현대적인 세련미가 잘 조화된 작은 도시로, 사우스 서스캐처원강(South Saskatchewan River)이 도심을 가로지르고 그 위로 여러 개의 다리가 걸쳐져 있어 '다리의 도시(Bridge City)'라고도 부른다. 새스커툰이란 원주민 언어로 이 지역에 많이 나는 딸기 이름이라고 한다.

관광 안내소에서 10여 분 거리에 있는 우크라이나 박물관(Ukrainian Museum of Canada)을 관광하였다. 우크라이나 사람들의 문화를 느낄 수 있는 작은 규모의 박물관이다. 우크라이나 사람들의 의복, 러시아 정교회에서 사용하는 미사 제구 등이 전시되어 있다.

우크라이나 사람들의 의복

우크라이나 박물관은 화려하게 장식된 부활절 달걀(피산카 Pysanka)로 유명한 곳인데 예쁘게 그림을 그린 계란도 판매하고 있다.

부활절 달걀

서스캐처원 대학교의 정원

    오후 4시 반경 서스캐처원 대학교(Uneversity of Saskatchewan)에 도착하였다. 의대가 유명한 대학교로 캠퍼스에는 나무도 많고 꽃도 많이 심어 놓아 참 아름답다.

    NOBEL PLAZA 빌딩 앞에는 꽃으로 'U OF S'라고 이 대학교 명칭을 이니셜(Initial)로 표시해 놓았다.

NOBEL PLAZA 빌딩

Geology and Biology Buildings에 있는 자연 과학 박물관에 들어가 보았다. 티라노사우루스(Tyrannosaurus)의 공룡 화석을 복원해 전시해 놓았는데 그 크기가 무척 크다.

티라노사우루스의 공룡 화석

대학교를 둘러보고 3km 정도 떨어져 있는 파머스 마켓(Farmer's Market)을 보러 갔다. 새스커툰에 이민 온 다양한 이민자들이 물물교환을 하던 시장이었으나 지금은 집에서 가꾼 싱싱한 농산물을 파는 소박한 시장이다. 건물 안에 몇 개의 가게만 영업을 하고 있는데 한 가게에는 그림이 전시되어 있다.

파머스 마켓

관광을 마치고 숙소로 예약한 Coopers Lodge에 가 보니 영업을 하지 않는다. 호텔을 예약하였던 Hotels.com에 전화를 하니 부근에 있는 Super 8 by Wyndham Saskatoon Near Downtown으로 교체를 해 준다. 오래전에 예약을 하였던 것이라 그동안 영업주의 변화가 있었나 보다. 숙소를 신속하게 교체해 주어 다행이기는 했지만 갑작스러운 일이라 무척 당황스러웠다.

# 리자이나 Regina
## 2018. 8. 17(금)

### 🚗 관광지별 이동 거리

Super 8 by Wyndham Saskatoon Near Downtown(269.0km)
➡ 주 의사당(6.2km) ➡ RCMP 박물관(8.7m) ➡ Motel 6 Regina SK

계: 283.9km

 **여행기**

오늘은 새스커툰을 떠나 리자이나로 이동한다. 리자이나에서 서스캐처원 주 의사당을 둘러보고, 캐나다 기마경찰단 창립 100주년을 기념하여 세운 RCMP 박물관을 관람하는 일정이다.

아침 8시 반에 호텔을 출발하여 리자이나로 향하였다. 오늘은 어제보다 하늘이 조금 맑아져 햇살이 비친다. 도심을 벗어나자 쭉 뻗은 11번 도로 루이스 리엘 트레일(Louis Riel Trail)이 시원스럽게 이어지고 싱싱하고 푸른 옥수수밭이 끝없이 펼쳐진다.

끝없이 펼쳐진 옥수수밭

12시경 리자이나에 도착하였다.

**리자이나는 서스캐처원주의 주도(州都)로 라틴어로 '여왕'이라는 뜻을 가지고 있는데 서부개척 시대인 19세기 말 영국의 여왕이었던 빅토리아 여왕을 상징하여 이름 지어졌다고 한다.**

리자이나 다운타운으로 들어가 자동차의 엔진 오일을 교환하였다. 장거리를 운행하게 되니 자동차의 안전이 무엇보다 중요하기 때문에 엔진 오일을 적정하게 교환해 주는 것이 필요하다.

점심 식사를 하고 주 의사당(Saskatchewan Legislative Building)을 방문하였다. 의사당은 르네상스 양식으로 다양한 종류의 대리석이 사용되어 웅장하고 멋이 있다.

주 의사당 건물

정원에는 여러 가지 꽃을 심어 놓았고 엘리자베스 2세 여왕과 스코틀랜드의 대표작가 월터 스콧(Walter Scott, 1771~1832)의 동상이 있다. 그 앞으로 잔잔한 호수가 시원스럽게 펼쳐져 있다.

엘리자베스 2세 여왕의 동상

Walter Scott의 동상

주 의사당 로비의 전면에 있는 사진

    오후 2시에 시작하는 주 의사당 가이드투어에 참가하였다. 정문을 통과하고 계단을 올라가니 전면에 개척 시대의 사진이 아주 선명하게 보인다.

    도서관과 의사당 내부를 관람하였다. 의사당 전면에는 엘리자베스 여왕의 사진이 걸려 있다.

주 의사당 내부

의사당 안에 있는 갤러리에는 원주민 부족의 추장과 개척 시대의 모습을 담은 다양한 그림이 전시되어 있다.

갤러리

주 의사당 관람을 마치고 RCMP 박물관(RCMP Museum)을 관람하였다.

RCMP 박물관은 1973년 왕립 캐나다 기마경찰단(RCMP, Royal Canadian Mounted Police) 창립 100주년 기념으로 세워졌다고 한다. 낮 12시 45분에 퍼레이드가 펼쳐지며 7~8월에는 1주일에 한 번씩 선셋 세리머니(Sunset Ceremony)가 펼쳐진다.

박물관에 대한 가이드의 설명을 들으며 꼬마 열차를 타고 경찰학교를 한 바퀴 돌았다. 조그만 교회 안에 있는 스테인드글라스의 색상이 아주 선명하다.

RCMP 박물관 안에 있는 교회

메인 갤러리에는 중부 캐나다의 분쟁을 잠식시킨 RCMP의 활약상과 역사를 시대 순으로 정리해 놓았다. 기마경찰의 출정식에 개 썰매까지 함께 한 조형물이 무척 인상적이다.

기마경찰의 출정식 조형물

## 라. 매니토바Manitoba주

매니토바(Manitoba)주는 서스캐처원(Saskatchewan)주와 같이 중앙 대평원을 이루는 지역으로 캐나다에서 가장 뜨거운 여름을 가지고 있으며 일조량이 많다. 넓은 평원 대부분에 밀밭이 가꾸어져 있다.

세금은 연방세 7%, 주세 7%, 숙박세 7%가 부과되며 시차는 한국과 15시간(14시간의 서머 타임)이다. 기온이 가장 높은 달은 7~8월로 25~30℃이다.

# DAY 32

위니펙 Winnipeg
2018. 8. 18(토)

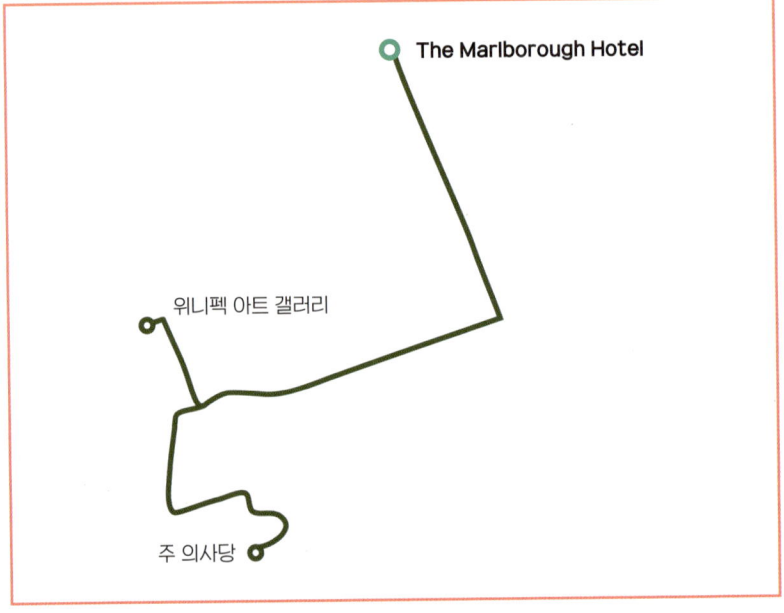

### 🚗 관광지별 이동 거리

Motel 6 Regina SK(567.0km) ➡ 주 의사당(1.1km)
➡ 위니펙 아트 갤러리(1.5km) ➡ The Marlborough Hotel

계: 569.6km

 **여행기**

오늘은 서스캐처원주를 떠나 매니토바주로 이동한다. 매니토바주에서 매니토바주 의사당을 보고 원주민 이누이트 부족의 작품을 소장하고 있는 위니펙 아트 갤러리를 관광하는 일정이다.

오전 7시 40분 호텔을 출발하였다. 리자이나 시내를 벗어나 1번 도로 Trans Canada Hwy에 접어들자 쭉 뻗은 고속도로가 시원스럽게 이어진다. 넓은 평원이 이어지는데 캐나다 횡단을 하려면 거쳐야 하는 지역이다. 소를 방목하고 있는 목장도 지나고 이미 수확을 마친 밀밭도 지난다.

방목하고 있는 소

수확한 밀밭

기차가 지나간다. 화물을 실은 기차에는 컨테이너(Container) 화물칸의 끝이 보이지 않는다. 건널목에서 화물을 실은 기차를 만나게 되면 10여 분 이상을 기다려야 한다.

컨테이너를 실은 기차

오늘의 이동 거리가 567km가 되어 지루할 것도 같지만 곧게 뻗은 고속도로 좌우로 푸른 초원과 누렇게 익은 밀밭이 이어지는 넓은 평원을 달리게 되니 가슴이 확 트이는 듯 기분이 무척 상쾌하다.

누렇게 익은 밀밭 사이로 곧게 뻗은 도로

오후 3시경 위니펙에 있는 매니토바주 의사당(Manitoba Legislative Building)에 도착하였다. 주 의사당 앞으로 정원이 아름답게 펼쳐져 있다.

위니펙(Winnipeg)은 매니토바주의 주도(州都)로 캐나다 동부와 서부의 중간에 위치하고 있어 캐나다를 동서로 나누는 경계이며 캐나다에서 7번째로 큰 도시이다. 밀 곡창지로 만화 주인공 곰돌이 푸(Pooh)의 고향이다.

주 의사당 앞에 펼쳐진 정원

매니토바주 의사당(Manitoba Legislative Building)은 1920년 완공되었으며 중앙의 거대한 돔 꼭대기에는 23.5캐럿의 황금으로 장식된 높이 4m의 골든 보이(Golden Boy)가 서 있다. 오른손에는 전등이 달린 횃불을, 왼손에는 매니토바주의 특산품인 밀 이삭을 들고 있는데 이는 매니토바주의 번영을 상징하는 것이라고 한다.

주 의사당

내부 가이드 투어가 있으나 개인적으로도 의사당 내부를 관람할 수 있다. 우람한 건물 중앙의 돔 꼭대기에 있는 골든 보이가 황금빛으로 반짝인다.

오늘 결혼식을 마친 두 쌍의 신랑, 신부가 의회 의사당으로 올라가는 계단에서 기념 촬영을 하고 있다. 중앙 계단의 좌우에는 매니토바를 상징하는 동물상을 크게 만들어 세워 놓았다.

계단 위에 있는 중앙 홀의 천장은 둥근 돔형으로 되어 있고 창문 4개가 조화를 이루어 참으로 아름답다.

아름다운 중앙 홀 천장

주 의사당 중앙 계단

중앙 홀은 창문으로 안을 들여다볼 수 있게 되어 있다. 의자가 진열되어 있는 가운데에 그림이 그려져 있고 천장은 원형으로 되어 있다.

주 의회 회의실(Chamber)에는 성경 속 인물인 모세(Moses)상과 그리스의 현인 솔론(Solon)상이 세워져 있는데 이는 현명한 정치를 펼치기를 바라는 뜻으로 세운 것이라고 한다.

주 의회 회의실

주 의사당 관광을 마치고 위니펙 아트 갤러리(Winnipeg Art Gallery)를 들렀다. 도롯가에 길게 지어진 건물이다.

위니펙 아트 갤러리는 이누이트(Inuit) 부족의 방대한 작품을 소장하고 있으며 유럽과 북미 지역의 작품을 골고루 전시하고 있다. 옥상에는 분수대가 있고 조각상도 여러 개 전시되어 있다.

위니펙 아트 갤러리

조각상

위니펙 시내에 있는 The Marlborough Hotel에 숙박하였다. 전용 주차장이 없어 호텔 앞에 있는 공용 주차장에 주차를 하니 많이 불편하다. 저녁을 먹고 호텔 주변을 산책하였는데 사람들이 별로 없어 한적하다. The Marlborough Hotel의 모습이 밝게 보인다.

The Marlborough Hotel

# 위니펙 Winnipeg
## 2018. 8. 19(일)

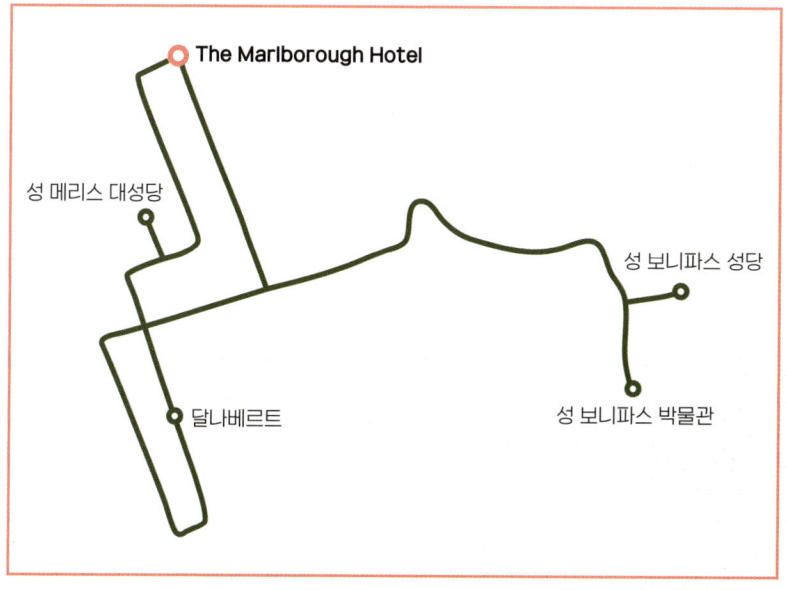

### 🚗 관광지별 이동 거리

The Marlborough Hotel(0.8km) ➡ 성 메리스 대성당(0.6km)
➡ 달나베르트(2.7km) ➡ 성 보니파스 성당(0.3km)
➡ 성 보니파스 박물관(204.0km) ➡ Lake-Vu Motel

계: 208.4km

## 📖 여행기

오늘은 매니토바주의 주지사로 있던 휴 맥도널드가 살았던 달나베르트를 방문하고, 성 보니파스 대성당과 성 보니파스 박물관을 관람한다. 그리고 위니펙을 떠나 온타리오주의 Kenora로 이동하는 일정이다.

성 메리스 대성당

오전 9시 호텔을 출발하여 성 메리스 대성당(Saint Mary's Cathedral)에서 미사 참례를 하였다. 첨탑이 높이 솟아 있는 무척 큰 성당이다. 제대 왼쪽에는 성가정을 그린 사진이 아주 선명하고 제대 오른쪽에는 스테인드글라스가 무척 화려하다. 주일 미사에 참례하는 신자들도 큰 성당이 꽉 찰 정도로 많은데 여러 민족들이 모인 것처럼 신자들의 모습이 무척 다양하다.

주일 미사를 마치고 조금 떨어진 곳에 있는 달나베르트(Dalnavert)를 방문하였다. 1895년 지어졌는데 캐나다 초대 수상 존 맥도널드의 아들 휴 맥도널드(Hugh Macdonald)가 매니토바주의 주지사로 있을 때 살았던 집으로 '맥도널드 하우스(Madonald House)'라고도 부른다.

달나베르트

위니펙 다운타운에서 레드강을 건너 성 보니파스 대성당(Saint Boniface Cathedral)으로 이동하였다. 대성당은 레드 강변에 세워진 하얀색 건물로 가운데가 원형으로 뻥 뚫려 있으며 꼭대기에는 성체 모양의 십자가가 세워져 있다. 성당의 연혁을 기록한 자료를 보니 십자가 좌우로 높은 종각이 있었으나 종각 두 개는 부서지고 가운데 십자가 부분만 남아 있는 것이다.

성 보니파스 대성당

프로븐쳐 다리

앞에 흐르는 레드강에 걸쳐 있는 프로븐쳐 다리(Provencher Bridge)가 무척 아름답다.

성당 주변에는 갖가지 모양으로 아름답게 장식해 놓은 무덤이 많이 세워져 있다. 이곳은 메티(Métis)의 우상인 루이 리엘(Louis Riel, 1844~1885)의 고향으로 그의 무덤도 여기에 있다. 이 지역은 프랑스어를 공용어로 사용하며 퀘벡주를 제외한 지역 중에서 프랑스 문화가 가장 잘 보존되어 있는 지역이다.

길게 이어진 무덤

메티스(Métis) 또는 메티는 크리 및 오지브와 등의 선주민과 프랑스계 개척민 사이의 혼인 관계에 의해 계승된 후손을 일컫는다.

무덤 옆에는 성 보니파스 박물관(St. Boniface Museum)이 있고 박물관 앞에 루이 리엘의 두상이 서 있다.

**루이 리엘의 두상**

점심 식사를 하고 온타리오주의 Kenora를 향하여 출발하였다. 모처럼 파란 하늘이 들어났다. 산불로 인한 연기로부터 좀 멀어진 것 같다. 1번 도로 Trans Canada Hwy에 접어들어 30여 분 지나니 캐나다 동서부의 중간 지점 표시판이 나타난다. 캐나다 대륙 횡단 여행의 중간 지점을 통과한 것이다.

캐나다 동서부의 중간 지점 표시판

오후 4시 30분경 매니토바주와 온타리오주의 경계 지점을 지나 온타리오주로 접어들었다. 넓은 평야의 모습은 사라지고 도로 좌우에 삼림이 가득한 모습으로 바뀌었다.

오후 5시 반경 온타리오주의 Kenora에 있는 Lake-Vu Motel에 도착하였다. 조용한 시골 마을에 있는 주유소와 식당과 모텔을 겸하고 있는 곳이다.

저녁 식사를 하고 마을을 한 바퀴 돌아보았다. 모텔 앞에 철도박물관이 있고 철로 위에 기차를 전시해 놓았는데 어린이들이 기차 위에 올라가 놀고 있다.

철도 박물관

마을 앞에 시원스럽게 호수가 펼쳐지고 조그만 모래사장이 있는 해변이 있다. 조그만 시골의 평화로운 마을에 조용히 어둠이 내리고 있다.

마을 앞 호수